Por qué hace lo que hace

COMPRENDA EL PORQUÉ LAS PERSONAS EN SU VIDA HACEN LO QUE HACEN

Bobb
BIEHL

EDITORIAL
UNILIT

Sepa

Publicado por
Editorial Unilit
Miami, FL 33172, USA
Derechos reservados.

© 2009 Editorial Unilit (Spanish Translation)
Primera edición 2009

© 2007 por Bobb Biehl
Todos los derechos reservados.
Originalmente publicado en inglés con el título:
Why You Do What You Do por Bobb Biehl.
Publicado por Aylen Publishing, Mt. Dora, FL 32756.

Traducción: Rojas & Rojas Editores, Inc.
Edición: Rojas & Rojas Editores, Inc.
Diseño de la portada: Ximena Urra
Ilustraciones de la portada e interior: Image © 2009 Palo; Image © 2009 Kuzma;
Image © 2009 Mostafa Fawzy. Used under license from Shutterstock.com

El texto bíblico ha sido tomado de la versión Reina Valera © 1960 Sociedades
Bíblicas en América Latina; © renovado 1988 Sociedades Bíblicas Unidas.
Utilizado con permiso.

Producto 495605
ISBN 0-7899-1668-1
ISBN 978-0-7899-1668-6

Impreso en Colombia
Printed in Colombia

Categoría: Vida cristiana /Vida práctica/Negocio y liderazgo
Category: Christian Life/Practical Life/Business/Leadership

Contenido

Introducción

¿Cuántas veces en los últimos doce meses se ha preguntado:

- *¿Por qué* hice eso?
- *¿Por qué* esa persona me amenazó?
- *¿Por qué* traté de intimidarlo?
- *¿Por qué* sigo temiendo que me rechacen?
- *¿Por qué* me aíslo cada vez que me siento amenazado?
- *¿Por qué* soy complaciente con las personas?
- *¿Por qué* soy tan perfeccionista?

O quizá ha preguntado: «¿Por qué alguien que no tiene por qué, ocultaría la verdad, forzaría la verdad, diría una mentira blanca o una mentira burda? ¿Por qué alguien haría semejante cosa?».

Desde 1976 he dedicado más o menos doce días al mes, casi siempre diez horas al día (o sea, más o menos 21 000 horas), tras las defensas de las personas, conversando con los clientes acerca de cuestiones referentes a «por qué las personas hacen lo que hacen»:

- *¿Por qué* ese miembro del personal mintió?
- *¿Por qué* el líder de mi equipo explotó cuando hice una simple pregunta?
- *¿Por qué* me siento tan tentado a vender mi compañía cuando se ha vuelto tan rentable?
- *¿Por qué* renunció mi mejor vicepresidente?

En esencia… me paso la vida respondiendo a las «preguntas por qué». Mi experiencia no nace de ser escritor profesional, psicólogo o profesor. Mi experiencia, como presidente de una compañía consultora, llamada Masterplanning Group International, proviene de tratar con líderes juiciosos, equilibrados y exitosos que suelen tener muchas «preguntas por qué».

Las personas que buscan respuestas a los misterios emocionales de la vida se encuentran en todas las esferas de la vida, incluyendo a personas que ganan centenares de miles de dólares al mes y millones de dólares al año, amas de casa, pastores, presidentes, personas de toda nacionalidad y raza, mujeres y hombres. Todos se debaten en ciertos momentos con por qué ellos mismos y otros hacen lo que hacen.

El «patrón por qué»

Hace unos años me encontraba caminando por la playa en conversación con un amigo muy querido y muy preocupado. Mientras caminábamos y nos decíamos en qué punto nos encontrábamos en nuestros peregrinajes emocionales, comenzó a aflorar una pauta emocional muy clara que nunca antes había percibido.

¡De repente los misterios emocionales que me habían confundido durante años se aclararon en forma instantánea! Regresé a casa y anoté en detalle todas las preguntas y percepciones obtenidas esa calurosa tarde de verano en la playa en San Clemente, California.

En los meses siguientes esbocé mi descubrimiento en servilletas, salvamanteles y blocs de notas para compartirlo con amigos y clientes, y ¡la respuesta fue abrumadoramente positiva!

Después de haberlo compartido con centenares de personas durante horas y días con cada una de ellas, me siento seguro de que puede ser de gran beneficio para el lector. Por esta razón, dedico este libro a este tema. El «patrón por qué» responde a la antiquísima pregunta: «¿Por qué las personas hacen lo que hacen?».

En su forma más sencilla el «patrón por qué» viene a ser como el diagrama de la página 8.

Este «patrón por qué» se aplica a todas las personas. Una vez que se entiende bien, el «patrón por qué» lo explica todo, desde el temor al fracaso hasta las relaciones no resueltas con padres, en una forma lógica, sistemática y práctica.

Una mirada paso a paso al «patrón por qué»

1. Todas las personas experimentan un *sentimiento predominante de la infancia* (afortunado, desatendido o inadecuado). Este sentimiento (positivo o negativo) desemboca en...

2. Una *fobia predominante de adulto* (un temor poco realista al fracaso, rechazo o insignificancia). Esta fobia desemboca en...

3. Una *necesidad emocional predominante* (de que lo acepten, amen o reconozcan) como adulto. Para satisfacer la necesidad emocional predominante, desarrolla...

4. Un *estilo más seguro y firme* de relacionarse con la vida (facilitador, entretenedor o líder), que suele satisfacer la necesidad. Para satisfacer la necesidad emocional predominante también se desarrolla...

5. Una *fortaleza única mayor* (facilitar, persuadir o controlar). La combinación de la fortaleza mayor y el estilo más seguro y más firme satisface la necesidad emocional predominante en la forma más coherente posible.

Cuando queda satisfecha esta necesidad emocional predominante, la persona se tranquiliza por un tiempo en el sentido de que la fobia predominante de adulto no es real y que (a) nunca tendrá que revivir el dolor de la infancia, o (b) nunca tendrá que abandonar el calor emocional de los sentimientos positivos de la infancia. Sin embargo, solo en caso de que el estilo más seguro y firme y la fortaleza única mayor que ninguna otra no consigan satisfacer la necesidad emocional predominante, las personas también desarrollan un...

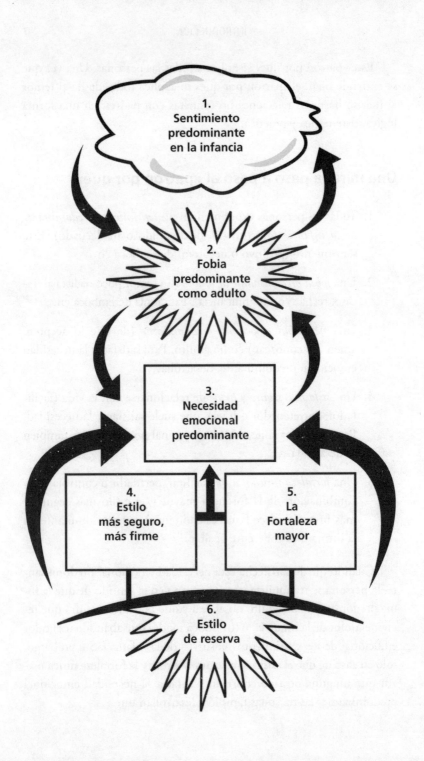

6. *Estilo de reserva*, su lado negativo oscuro. En su estilo de reserva, la persona combina con fuerza o presión su fortaleza máxima mayor que ninguna otra y su estilo más seguro y más firme. Piensa en hacer cosas inmorales, no éticas e incluso ilegales, caso de que hiciera falta para conseguir satisfacer la necesidad emocional predominante. Se utiliza el estilo de reserva (usar atajos, exceso de dedicación al trabajo o retraerse) para intimidar y manipular a personas para que satisfagan su necesidad emocional predominante.

Se puede ir al consultorio de un médico para un chequeo, y el técnico lo colocará frente a un costoso y sofisticado aparato de rayos X, con lo que podrá ver que tiene una fractura en un hueso. Pero ¿a dónde se puede ir para poder ver sus propias emociones?

El instrumento es el «patrón por qué». Con él se puede aprender muy pronto que una gran mayoría de nuestras emociones se pueden explicar con lógica mediante la comprensión de estos seis pasos. Este instrumento permite ver nuestras emociones en un patrón sencillo, algo como ver una placa de rayos X de nuestro sistema emocional.

Los tres yos

Hay, sin embargo, un detalle en todo este intento de solucionar un misterio emocional. Para resolver los misterios emocionales de la vida hace falta reflexionar mucho. Hay que estar dispuestos a sondear en las emociones propias muy por debajo del nivel superficial para penetrar hasta lo más profundo del corazón. Para explicar qué quiero decir con esto, necesito presentar un diagrama que he utilizado centenares de veces en mis consultas.

Todos tenemos tres yos.

1. Tenemos un yo público que todos ven.
2. Tenemos un yo privado que solo pueden ver amigos cercanos en un ambiente privado.
3. Tenemos un yo personal que solo uno mismo ha visto.

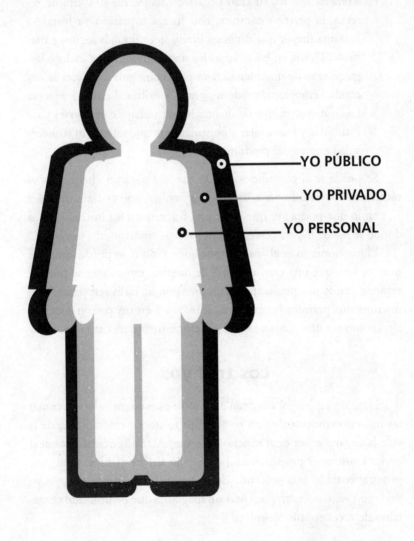

YO PÚBLICO

YO PRIVADO

YO PERSONAL

Yo público

El yo público es el que tratamos de mantener presentable. En él no hay imperfecciones; es lo más perfecto posible en todos los sentidos. Es nuestra imagen, nuestro caparazón, nuestra fachada, nuestra corteza social, nuestra apariencia. Es lo que los demás ven tal como nos presentamos en la iglesia, en el trabajo, en la calle.

Yo privado

Luego hay un segundo nivel del yo, el yo privado. Este lo configuran los papeles que desempeñamos: madre o padre, tío o tía, abuelo, y así sucesivamente. Son las relaciones sociales que mantenemos con parientes y amigos que nos conocen en el papel primordial que desempeñamos. Nos conocen como madre o padre, tío o tía, pero no por ello nos conocen de verdad como personas. Utilizan para dirigirse a nosotros apodos amistosos, pero no están por necesidad hablando a la persona. Se están relacionando sobre todo de papel a papel, madre a hija, padre a hijo, amigo a amigo.

Yo personal

Por último, tenemos un yo personal que nadie ha visto jamás. Dentro de este yo hemos pensado cosas acerca de nosotros mismos y de otras personas que, por las razones que sean, nunca hemos pensado en compartir o tratar con otros.

Quizá nunca hemos tenido la oportunidad de hacerlo o nunca hemos sentido que fuera conveniente. Puede haber miles de razones de por qué no compartimos lo que llevamos dentro. El hecho es que hay ciertas cosas que nunca hemos contado a nadie.

Cuando conversamos con toda franqueza con un amigo de toda la vida, muy querido y de total confianza, de hecho dejamos vislumbrar algo de este tercer nivel del yo. Estamos mostrando una parte de nosotros que nadie ha visto hasta ese momento y nuestro amigo nos abre la misma puerta a su corazón. Estamos conversando con absoluta franqueza.

Una conversación práctica

Todo este libro es como una charla muy franca. Debido a las preguntas que encontrará en estas páginas, tendrá que pensar en temas muy, muy personales dentro de un nuevo marco de referencia que aporta tanto objetividad como claridad. Y aunque en realidad no se encuentre sentado para charlar junto a la chimenea en una sosegada noche invernal, espero que juntos podamos encontrar la respuesta a algunos de los misterios emocionales ocultos en la parte personal, confidencial, protegida, silenciosa, de su corazón en la que todavía no permite que otros penetren.

Reflexión íntima

En diversos momentos en nuestra conversación me gustaría sugerir que dejara de lado el libro y en lo más profundo del corazón reflexione acerca de lo que acaba de leer. Lo usual será que le sugiera que reflexione acerca de una pregunta muy concreta.

Quizá quiera llevar un diario bajo un título ficticio, algo como «Constancia de impuestos» de modo que nadie tendrá interés en verlo. O, como se lo he sugerido a algunos, guarde sus reflexiones en una caja bajo llave o en algún lugar donde nadie tendrá la tentación de «echar una mirada» a sus sentimientos personales.

En este momento me gustaría sugerir que se aísle por unos treinta minutos para reflexionar acerca de esta pregunta: «¿Cuáles son los misterios emocionales que hay en mi corazón?».

¿Cuáles son las «preguntas por qué» que nunca ha compartido con nadie?

Haga una lista exhaustiva:

- *¿Por qué* siempre quiero agradar a los demás?

- *¿Por qué* temo que me rechacen?

- *¿Por qué* necesito desesperadamente ser aceptado?

- *¿Por qué* me aíslo cuando siento presión?

- *¿Por qué* me acongojo cuando llego a la novena entrada de la vida?

- *¿Por qué* sigo teniendo miedo en la oscuridad?

Una vez que las haya escrito, puede comenzar a responderlas una a una. Para cuando acabe de leer el libro, puede tener la respuesta a muchas, si no a la mayoría, de sus preguntas.

Una solución para misterios emocionales

Ahora mismo puede estarse preguntando:

- ¿Vale realmente la pena el esfuerzo?

- ¿Valen realmente la pena las lágrimas?

- ¿Valen realmente la pena los recuerdos dolorosos?

Encontrar solución para los problemas emocionales es como resolver un rompecabezas de un cuadro de más de diez mil piezas, a veces frustrante, pero agradable, cada vez que encontramos dónde encaja una de las diez mil piezas. ¡Disfrutará con el recorrido!

Cada vez que encuentre la solución de un misterio emocional, la mejor manera de describir esa sensación es como puro deleite. Va a vivir muchas experiencias placenteras (encajar piezas del rompecabezas) si sigue leyendo e interactuando con toda honestidad con su «patrón por qué».

Solucionar el sufrimiento emocional

Siempre que se da un conflicto, algo que no podemos solucionar o entender, un misterio emocional que sigue siendo un misterio, una inconsistencia, un sufrimiento o una confusión, se obstaculiza nuestro crecimiento emocional y nos causa sufrimiento emocional. He constatado que la sensación de sufrimiento emocional y confusión solo desaparece con la resolución y clarificación de la respuesta a la pregunta: «¿Por qué hice, o hicieron, eso?».

Advertencia: No hay que seguir soportando ese dolor. ¡No es necesario!

Uno de los grandes deleites de trabajar en un libro como este es imaginar que lo está leyendo a solas (en un estudio, en la playa, junto a un manso arroyuelo), derramando lágrimas dulces de deleite y resolución, diciendo con alivio: «Ahora entiendo. Ahora está resuelto. Ya no tendré que enfrentarme más con ese sufrimiento emocional».

Al mismo tiempo me llena de abrumadora tristeza cuando pienso en personas que he conocido que han sobrellevado durante toda la vida un sufrimiento emocional.

Una mujer, que ahora debe rondar los setenta años de edad, sigue experimentando el dolor de un comentario que le hizo una hermana cuando tenía apenas once años. Como resultado de ello, se ha sentido incapaz, rencorosa y, en general, como una persona de segunda clase… cincuenta y nueve años de sufrimiento emocional innecesario… dolor que para ella ha sido tan real como un dolor de cabeza o de espalda.

¡No tiene que compartir sus pensamientos, temores, ideas, resoluciones, confusiones o lágrimas personales con nadie hasta que se sienta bien y dispuesto para ello!

Me produce gran satisfacción la posibilidad de ayudarlo a comprender y solucionar algunos de sus sufrimientos, y lograr que no los tenga que sobrellevar durante toda la vida sin que para ello haga falta enfrentar el riesgo, gasto o vergüenza de hablarlo con un psicólogo, psiquiatra o incluso un amigo cercano. Una de las ventajas principales de este libro es que puede leerlo, interactuar con él, reflexionar acerca de su contenido y solucionar cosas sin nunca tener que hablar de ello con otro ser humano.

Una vez que hayan quedado resueltos y aclarados algunos aspectos de su vida, puede desde luego sentirse libre de compartir cualquiera de ellos con algunos de sus amigos más queridos y de confianza. Caminar con un amigo cercano por la playa y poder contarle algunas de las cosas que ha visto, entendido y solucionado y que ya no lo hacen sufrir o han quedado por completo aclaradas en su cabeza, puede ser muy placentero.

Pero no tiene que decir ni una palabra hasta que esté preparado. Este momento de hablar quizá no llegue nunca, pero también puede llegar mucho antes de lo que piensa. Compartir o no lo que ha experimentado depende de cada uno en un ciento por ciento.

Consecuencias de entender

Hay unas diez consecuencias muy útiles de entender, en un nivel mucho más profundo, por qué hacemos lo que hacemos:

1. *Aceptarse a uno mismo y aceptar a los otros*, no sintiendo en forma tan dolorosa los exabruptos emocionales de las personas o los temores propios.
2. *Comunicarse en forma más íntima* con su cónyuge, hijos, padres y otros amigos queridos.
3. *Consejería más efectiva* con seres amados y amigos en medio de su confusión y sufrimiento emocionales.
4. *Fungir como mentores, enseñar y asesorar con más éxito* y mayor profundidad de comprensión acerca de por qué las personas hacen lo que hacen.

5. *Prevenir transmitir a sus hijos y nietos el sufrimiento* vivido en su pasado.

6. *Proteger y monitorear su nivel de necesidad* como forma de prevenirse contra cosas como manipulación, vulnerabilidad, adicción al trabajo, perfeccionismo y sentirse movido por emociones.

7. *Solucionar relaciones tensas, turbulentas o dolorosas* con padres, parientes y amigos de la infancia y la vida adulta.

8. *Escoger a los pastores, presidentes y otros miembros claves y más adecuados del personal,* ahorrando muchísimo tiempo, energía y dinero desperdiciados debido a alguna decisión poco juiciosa.

9. *Solucionar misterios emocionales dolorosos*, liberándolo para volver a crecer hacia una madurez emocional plena… lejos de su fobia predominante, de la edad adulta, al fracaso, rechazo o a las figuras de autoridad.

10. *Comprender lo que otros necesitan de uno*, entender por qué lo necesitan y hasta dónde están dispuestos a llegar para satisfacer la necesidad.

¡Ajá!

Cuando solía enseñar seminarios para Dave Ray en Detroit, Michigan, él solía animar a sus estudiantes a decir «¡Ajá!» en voz alta cada vez que veían algo o solucionaban algo por primera vez.

Cuando tenga una experiencia «¡ajá!» al ir leyendo este libro, escriba «¡ajá!» en el margen. Esto lo ayudará a ver y sentir el avance que va logrando.

Alguna vez, me gustaría que me informara de cuántas experiencias «¡ajá!» haya tenido. Sus experiencias hacen que valgan la pena los centenares de horas que requiere un libro como este.

Capítulo 1

¿Cuál fue su sentimiento predominante de niño?

Todos los niños tienen un sentimiento predominante en esa época de su vida que conduce a un patrón emocional-motivador predecible ya de adultos.

La conformación más fundamental de sus actitudes y estilos como adulto se lleva a cabo de hecho antes de la adolescencia

En nuestra cultura orientada hacia quienes ya son adolescentes, muchas personas asumen que lo que sucede en esos años es lo que tiene más influencia en conformar los años de vida adulta. Sin embargo, cuanto más escucho a ejecutivos adultos y me pregunto por qué hacen lo que están haciendo, más veo las analogías llamativas y predecibles entre el comportamiento en los años de la pre-adolescencia y los de la vida adulta.

Los sentimientos que tuvieron de niños no eran ni buenos ni malos, ni correctos ni equivocados, ni adecuados ni inadecuados. No eran más que la forma cómo se sentían. No podían evitar cómo se sentían. Pueden evitar cómo actúan o reaccionan ante sus sentimientos como adultos. Así que no hay que dudar ni sentirse avergonzado de decir: «De niño, el sentimiento predominante que puedo recordar que tenía era _dolor, violencia domestica, abuso verbal_».

De adulto, puede llegar a la conclusión de que, para tener ese sentimiento, pudo haberse dado o no una causa basada en la realidad. De niño, quizá sentía que sus padres no lo querían, pero como adulto, ve que en realidad sí lo querían. Quizá lo amaban locamente, pero si se sentía que no lo amaban, todo su desarrollo emocional se basó en el supuesto de que no lo amaban.

Tuviera o no una razón lógica para sentirse como se sentía de niño, necesita identificar cómo de hecho se sentía y luego decidir, como adulto con ojos de adulto, si fue lógico, real, perjudicial o no nocivo.

Por ejemplo, cuando tenía cinco o seis años, iba a comer a casa de mis abuelos paternos, y mi abuelo siempre hacía algo predecible. Cuando ya estaba disfrutando comiéndome un elote, sopa de frijoles y pastel de chocolate, mi abuelo me miraba y, delante de todos, me preguntaba muy serio: «¿Vas a pagar por esta comida?».

Nunca sabía qué decir. Sabía que no tenía dinero. Pensaba que debía estar bromeando, pero y ¿qué si no lo estaba? Y pensaba que nadie más tenía que pagar. Me daban ganas de llorar. No sonreía, pero todos los demás se reían. Después de haberme hecho lo mismo unas cuantas veces, sentí que no agradaba a mi abuelo porque me hacía sentir tan mal.

Como adulto con ojos de adulto, veo en forma clara que en realidad sí le agradaba y que esa era su forma de reírse de mí. Pero de niño, no lo entendía. Por eso cuando estaba con mi abuelo paterno, siempre me sentía incómodo, tenso. Sentía que no encajaba, que no pertenecía, que no me aceptaba.

Bueno, esos eran sentimientos de niño. Tengo que decir que esos eran sentimientos verdaderos de niño. La otra realidad era que le agradaba tanto como cualquiera de sus cincuenta y dos nietos. No era que estuviera en contra mía ni que no le agradara, pero el sentimiento que yo experimentaba se basaba en su sentido del humor.

Cualquiera que fuera su sentimiento, bueno, malo o indiferente, hay que reconocer el sentimiento y luego solo preguntarse: «¿Qué significaba eso? ¿Me afectó en realidad por el resto de mi vida, o fue solo algo que sentí de niño?». De nuevo, hay que ver todos los sentimientos que se tuvieron de niños como una pieza del rompecabezas.

Una clave para entender su «patrón por qué» está en identificar las palabras, frases o acciones que conllevan una carga emocional

Carga emocional *quiere decir que estas palabras, frases o acciones hacen que su sistema emocional reaccione de una forma importante.* Por ejemplo, digamos que está conectado a un detector de mentiras y la persona que monitorea menciona diez palabras. El detector de mentiras monitorea todos sus impulsos en forma electrónica con una aguja que oscila. Puede oír nueve de esas palabras, y la aguja puede variar solo un dieciseisavo de una pulgada. Pero al oír la décima palabra, el brazo indicador oscila en forma rápida de cinco a diez pulgadas ¡lo que indica que la palabra tenía una carga emocional!

Esto se debe a que su sistema nervioso autónomo, que usted no controla, tiene esta reacción emocional ante palabras como *aceptado, rechazado, incompetente* o *fracasado*. Sea cual fuera la palabra, produce una reacción emocional que usted siente, pero que no puede controlar en forma conciente.

Parte de lo que trata de conseguir este libro es ayudarlo a identificar las palabras, frases o acciones que tienen una carga emocional para luego descubrir qué quieren decir: ¿Cómo funciona mi sistema emocional? ¿Qué lo instiga? ¿Por qué actúa y reacciona como lo hace? ¿Cuáles son las palabras y frases con carga emocional que me instigan? ¿Por qué causan esa reacción?

Por ejemplo, nunca olvidaré que uno de mis clientes más competentes me dijo que su madre le decía de vez en cuando con voz suave, triste, lenta: «Oh, cariño, déjame que yo lo haga». Me dijo:

«Cuando oigo esa frase, todas las células de mi cuerpo desean gritar porque sé muy bien lo que quiere decir en el nivel emocional. Significa: "Eres incompetente. Deja que lo haga tu mamá". Tengo treinta y cinco años, y mi madre me sigue viendo como incompetente. Y me lo hace saber con la misma frase que utilizaba para hacérmelo saber hace treinta años: "Oh, cariño, déjame que yo lo haga"».

Puede haber un gesto o mirada con carga emocional. Un ejecutivo me contó que su padre lo miraba de una forma particular y que esa mirada significaba: «Lo estás haciendo mal; eres incompetente». Agregó: «Esa sola mirada me lo decía todo».

> Una palabra de cautela: Cada capítulo le ofrece palabras y frases con carga emocional para que las analice. Cuando comencé a pedir a diferentes personas que identificaran el sentimiento predominante de niños, la respuesta más común era: «¿Me podría dar algunos ejemplos de lo que quiere decir?».
>
> Estos comentarios de otros tienen como fin estimular su memoria, no limitar sus opciones. La mejor forma de comprender y de recordar con más facilidad su sentimiento predominante de niño es con su propia palabra o palabras. Siéntase cien por ciento libre de tomar cualquiera de las palabras que han utilizado otras personas para ¡adaptarlas como mejor le parezca! Por ejemplo, alguien puede haber dicho: «Temeroso y asustado». El lector puede agregar: «del tío Carlos».

Todos desean ser amados, aceptados y valorados, pero no todos tienen los mismos sentimientos con carga emocional relacionados con estas palabras. Ser socialmente aceptado no significa lo mismo (no tiene la misma carga emocional) para todos. Puede no significar para usted lo que produce en sus hijos o nietos. Descubramos nuestras palabras con carga emocional.

Notas

1. En la sección sobre sentimientos predominantes de niños, determine cómo se sentía de niño. No está tratando de clarificar cómo se siente en la actualidad en cuanto a su niñez. (Ver el gráfico que sigue).

2. La edad concreta en la que decida centrarse puede variar mucho de la que pudiera escoger otra persona. Depende de la edad que sienta que tuvo la influencia más poderosa en la conformación de su «patrón por qué» de adulto.

3. Su sentimiento predominante de niño es la clave para entender todo el contenido de este libro y la aplicación del mismo a su vida.

Tómese el tiempo que le haga falta. Cambie cualquier respuesta que desee. Reflexione todo lo que sea necesario para desarrollar una comprensión muy clara de su sentimiento predominante de niño.

Hay ocho categorías de sentimientos predominantes de niños. Asigne un valor a los puntos siguientes en una escala de 1 a 10:

1   =   para mí no tienen carga emocional (no producen reacción emocional)

10   =   una carga emocional muy fuerte para mí (reacción emocional importante)

Siéntase libre de adaptar las palabras y frases en las páginas siguientes para que expresen con más precisión sus sentimientos. Agregue, elimine o modifique. Haga anotaciones en los márgenes.

Quizá prefiera utilizar un lápiz. Quizá desee cambiar el valor asignado varias veces en el curso de unos días. Los cambios que introduzca no causarán ningún problema.

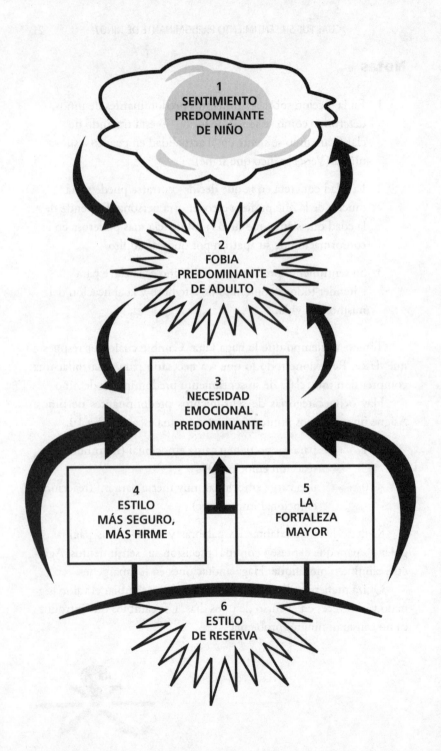

De niño (antes de la adolescencia), mi sentimiento predominante era el de ser...

1. __10__ *amado con reservas* o amado y no amado en forma inconstante.

   - Deseaba mucho agradar; superconsciente.
   - Me movía desempeñarme bien; deseaba la aprobación; incapaz de hacer lo suficiente (ser de verdad amado).
   - Desvinculado; desconectado; no deseado.
   - Amado y criticado, reprendido o maltratado en forma impredecible.
   - Otro _____

2. __1__ *destinado*, bendecido, elegido, especial o amado.

   - Aceptado; seguro; protegido.
   - Me sentía seguro de niño.
   - Dotado mental, física, espiritualmente, etc.
   - Amado sin condiciones; libre de indagarlo todo, ¡sentía que no había nada que no pudiera hacer si así lo decidía!
   - Los adultos me decían que era un niño especial, bendecido.
   - Otro _____

3. __1__ *preferido* por los adultos por encima de mis pares.

   - Admirado (grupo, equipo, familia) como héroe.
   - Idolatrado; preferido por los adultos por encima de mis iguales.
   - Tratado como la «princesa» de papá o el «hombrecito» de mamá.
   - Otro _____

4. __10__   *emocionalmente ignorado,* sin importancia, no necesitado, inadvertido.

- Se convirtió en un niño solitario detrás de la máscara «estoy bien».
- Compitió por atención y/o afecto; nunca se sintió especial.
- Trabado en el medio; perdido entre todos los muchachos.
- Otro _____

5. __10__   *inadecuado* para colmar expectativas.

- Cuidó de la familia; reemplazó a un padre difunto – «ahora tú eres la mamá»; protegió a los hermanos de un padre abusivo.
- Comparándome con otros, ellos siempre salían ganando.
- Me sentía tonto, torpe o feo comparado con parientes.
- La tomaban a menudo conmigo otros muchachos.
- Sujeto a comentarios negativos acerca de rasgos físicos.
- Incapaz de hacer «razonablemente bien las cosas» para un padre emocionalmente explosivo.
- Incapaz de protegerme frente a agresores adultos.
- Otro _____

6. __10__   *inseguro,* indeciso o vulnerable.

- Abandono – muerte de uno de los padres, o vulnerable.
- Maltrato – uno de los padres maltrata físicamente al otro, los padres pelean mucho de palabra.
- Alcoholismo – el (los) padre(s) bebe(n) mucho.
- Discapacidad – el (los) padre(s) discapacitado(s) o vulnerable(s).
- Inestabilidad – entorno impredecible, mucha tensión, «como caminar sobre cáscaras de huevo».

- Pobreza – amenaza constante de hambre, desahucio, etc.
- Trauma – abuso infantil, incesto o violación.
- Otro _____

7. ___5___ *intimidado* o dominado por una persona (o personas).

- Por un miembro(s) de la familia extendida
- Por el padre o la madre
- Por parientes de más edad
- Por iguales
- Por otro(s)

8. ___5___ *socialmente inaceptable* para mis iguales.

- Avergonzado debido al estilo, nombre o reputación de la familia.
- Avergonzado por el padre o la madre.
- Uso permanente de máscara socio-emocional falsa.
- Mucho cambio de domicilio; nunca encajé de verdad.
- Nunca aceptado por iguales; era un solitario.
- Nunca aprendí a participar en deportes.
- Otro_____

De entre las ocho categorías de sentimientos predominantes de niño, la que me afectaba con mucha más fuerza era

1. _____ *amado con reservas* o amado y no amado en forma inconstante.

2. _____ *destinado,* bendecido, elegido, especial o amado.

3. _____ *preferido* por adultos por encima de mis pares.

4. _____ *emocionalmente ignorado,* sin importancia, no necesitado, inadvertido.

5. _____ *inadecuado* para colmar expectativas.

6. _____ *inseguro*, indeciso o vulnerable.

7. _____ *intimidado* o dominado por una persona (o personas).

8. _____ *socialmente inaceptable* para mis iguales.

La forma en que expresaría este sentimiento con mis propias palabras sería: «De niño, mi sentimiento predominante fue el de

_____

_____».

Muchas personas tienen problemas para recordar su infancia. Si es una de ellas, le puede ayudar completar la siguiente frase: «De niño, nunca olvidaré que me sentía

rechazado, siempre al pendiente de qe mi papá no se enujara p qe no golpeara a mi mamá».

Con frecuencia, los recuerdos desagradables están totalmente bloqueados. No pondría demasiado empeño, sin ayuda profesional, en recuperar ninguno de esos recuerdos. Si está bloqueado, déjelo así, a no ser que piense que le afecta lo suficiente como para necesitar buscar ayuda profesional.

Una palabra de advertencia: Tenga cuidado en cuanto a asumir consecuencias negativas cuando no puede recordar nada con claridad. Un pequeño porcentaje de consejeros profesionales y amigos bien intencionados dan la impresión de que no ser capaz de recordar significa que como niño sufrió acoso sexual.

Si no puede recordar
sus sentimientos de niño,
¡no tiene por qué preocuparse!

Esto no es automáticamente cierto. Es posible que haya tenido que enfrentarse a algunas situaciones difíciles, pero no hay que sacar conclusiones apresuradas acerca de qué se trató.

Los sentimientos predominantes en la infancia pueden ser positivos o negativos

Al leer el libro, si su sentimiento predominante de niño fue positivo, puede preguntarse: «¿Tuvieron de verdad algunas personas sentimientos muy negativos de niños?». O si su sentimiento predominante de niño fue muy negativo, puede preguntarse: «¿Tuvieron de verdad algunas personas sentimientos muy positivos de niños?».

Le puede sorprender enterarse de que algunas personas tuvieron infancias casi ideales; no pueden recordar sentimientos negativos. Por otro lado, algunas tienen recuerdos en general negativos. Y algunas recuerdan sólo emociones negativas traumáticas.

Si hay personas que tuvieron una infancia negativa, nunca quieren volver a experimentar esos sentimientos negativos. Por esto tratan en sus vidas de adulto de mantenerse alejadas o evitar revivir los sentimientos negativos de la infancia. Pero si las personas tuvieron una infancia positiva, desean asegurarse en su vida adulta que lo que están experimentando confirma que no tienen que renunciar nunca al calor emocional de esos recuerdos de la infancia. No dé por sentado que todos los niños tuvieron las mismas experiencias que uno, positivas o negativas.

Muchas personas tuvieron una infancia en la que no tuvieron ninguna experiencia negativa. Todo fue muy positivo. Tuvieron amigos, tuvieron seguridad económica, y sus padres permanecieron juntos. Fue una infancia muy, muy optimista, maravillosa, cariñosa, positiva.

No existe en el mundo lo que se llamaría un padre o madre perfectos, ¡pero hay muchos padres ejemplares! Muchos padres proporcionaron equilibrio a sus hijos. Muchos padres fueron muy positivos, con una forma constante de valorar a sus hijos, y generaron en los hijos una cierta cantidad de confianza en la vida que otras personas no lograron y no poseen sin muchísimo esfuerzo.

Si tuvo padres equilibrados, no pierda tiempo tratando de averiguar en qué se equivocaron sus padres y qué hicieron mal o cómo afectaron de manera negativa su vida si, de hecho, tuvieron influencias positivas en su vida.

¿Cómo ve su infancia?
- **Verdaderamente positiva**
- **En cierto modo positiva**
- **En cierto modo negativa**
- **Traumáticamente negativa**

La mayor parte de las personas tienen de niños un sentimiento predominante principal

Al mirar al pasado para tratar de identificar su sentimiento predominante de niño, quizá ha tenido algunos sentimientos variados. Por ejemplo, uno de los padres lo amaba y otro lo rechazaba. A menudo, uno de los padres tiene preferencia por un hijo que recibe mucha presión (o maltrato) de parte del otro progenitor. En ese caso, analice ambos patrones. Pregúntese: «¿Cómo me sentí como el hijo preferido? ¿Cómo me sentí como el hijo rechazado?».

Quizá encuentre que tiene dos «patrones por qué» y cada uno de los sentimientos predominantes de niño se convierte en su fobia predominante de adulto y en su necesidad emocional predominante y así sucesivamente. Tendrá dos «patrones por qué» para ver, cuando llegue al capítulo 7, cómo todas las piezas encajan.

Si para usted más de dos de las ocho categorías tuvieron una pesada carga emocional, (si se sentía inadecuado, inseguro, intimidado, no aceptado y no amado), es probable que sea útil buscar consejería profesional en algunos momentos de su vida.

Si tiene cuatro o más sentimientos predominantes de niño, es probable que su personalidad sea complicada. Si tiene cinco sentimientos predominantes de niño, cinco fobias predominantes de adulto, y así sucesivamente, su personalidad es muy complicada.

La mayor parte de las personas suele tener un sentimiento predominante de niños y uno o dos sentimiento más que fueron importantes, pero no por ello predominantes.

Una variante interesante

Muchas personas se sintieron de una forma cuando estaban con adultos (preferidos) y de una forma totalmente diferente cuando estaban con sus iguales (inaceptables). Pueden haberse sentido muy, muy aceptados de parte de los adultos en sus vidas, la niña de mamá o la niña de papá, el muchacho de papá o el muchacho de mamá, pero no eran aceptados por parte de sus amigos.

A esto lo llamo una brecha. Divide su mundo en dos partes: la parte que tiene que ver con los adultos (personas que son bastante mayores que uno) y la parte que tiene que ver con los iguales (los que son de la misma edad de uno).

Los patrones de brechas pueden ser patrones totalmente diferentes. Una brecha no quiere decir que uno tenga dos personalidades; solo significa que uno tiene formas diferentes de relacionarse con personas diferentes.

El mismo concepto de brecha puede estar presente entre lo que necesitaba de parte de su madre y lo que necesitaba de parte de su padre.

La forma en que se relacionaba con su madre cuando era niño suele ser la forma en que se relacione hoy con las mujeres adultas. Y la forma en que se relacionaba con su padre cuando era niño es probable que sea la forma más cómoda de relacionarse con los hombres adultos. Así pues, en el caso de las mujeres adultas con las que se relaciona, su reacción puede ser muy parecida a la que experimentaba con su madre, en tanto que su reacción con los hombres adultos es totalmente diferente.

Por ejemplo, si su madre lo trataba con ternura y su padre con severidad, tenderá a esperar que todas las mujeres adultas lo traten con ternura y todos los hombres adultos con severidad.

Otra brecha está presente en la relación con hermanos de más edad y de menos edad.

Digamos que tenía un hermano o hermana mayores que lo cuidaban, y tenía un hermano o hermana menor que usted cuidaba. Al relacionarse en la actualidad con amigos de más edad y de menos edad, la forma de relacionarse puede ser muy diferente. Quizá trate de proteger a los que son de menos edad que usted, y asumir que sus amigos de más edad están para cuidarlo.

La separación de edad puede ser de cinco años o de dos o quizá no haya diferencia. Pero si percibe que alguien es como su hermano mayor y como su hermana menor, su tendencia será relacionarse con la persona en la forma en que lo hacía con su pariente de más o de menos edad.

¿Quiénes fueron, en lo emocional, las personas importantes en su infancia?

Quizá creció con cuatro abuelos, pero solo uno de ellos fue importante en cuanto a lo emocional. Sentía que un abuelo veía su verdadero yo, lo escuchaba como persona y lo amaba con un amor especial. Los otros tres lo veían como solo otro muchacho. No sentían ningún amor especial por usted, y cuando les hablaba, oían lo que les decía, pero en realidad no entendían todo lo que les quería decir. Al recordar y mirar a su infancia con ojos de adulto, ve que un abuelo fue importante en lo emocional para su desarrollo como persona y los otros tres no lo fueron. Estuvieron presentes, y fueron importantes como abuelos pero no fueron significativos en lo emocional.

Pudo haber tenido quince tías y tíos, pero solo uno de ellos fue significativo en lo emocional. Pudo haber jugado mucho con cinco o diez amigos, pero solo dos de ellos fueron significativos en lo emocional. Esas fueron las personas a las que dejó ver su propio corazón (su yo personal), y ellas le dejaron ver los suyos. Tuvo una relación con ellos; pudo hablarles en forma íntima en ocasiones muy especiales.

¿Quiénes fueron las personas significativas en lo emocional en su infancia? Haga la lista. Esas relaciones fueron las bases sobre las que fue formando sus opiniones acerca de cómo debían ser las relaciones y qué papeles debían jugar.

Si sus relaciones significativas en lo emocional no resultan claras, quizá deba preguntarse:

Hermano

- ¿Cómo me **sentía** cuando estaba con papá?

- ¿Cómo me **sentía** cuando estaba con mamá?

- ¿Cómo me **sentía** cuando estaba con mi hermana menor?

- ¿Me **sentía** mejor, peor, menos, inferior o superior?

Abuelos Paternos
Abuela Materna
Tios Papá - Tio Victor, Hector, Sara
Tios Mama Tio Saul, Chuy, Arturo, Fernando, Tia Olga, Gulle, Chinta
Primos Primas
Hnos. Pancho Sandra Johanna

Reflexión íntima

Podría dedicar un tiempo ahora para reflexionar acerca de esas relaciones y de cómo se sintió en cuanto a cada una de ellas.

Pregúntese: «¿Cómo me sentía respecto a tía Luisa o tío Carlos? ¿Cómo me sentía de verdad en cuanto a varias personas en mi infancia? ¿Tenía algún sentimiento hacia ellos?».

«Me veían con sus ojos, pero ¿interactuaban conmigo a nivel emocional? ¿Parecía que se preocupaban por mí? ¿Era alguien que tenían que tolerar, o era para ellos una persona especial?».

Tómese una hora y salga a dar un paseo ahora mismo, de ser posible, para pensar en cada una de las personas en su infancia? Quizá se sorprenderá cuando responda a la pregunta: «¿Quiénes fueron en mi infancia las personas significativas en lo emocional?».

Quizá diga: «Sabe, acabo de regresar de mi paseo de una hora, y no puedo identificar ni a una sola persona. No había nadie que sintiera que para mí fuera significativa en lo emocional. Me sentía como que en realidad nadie se preocupaba por mí, de si estaba vivo o muerto. Durante toda mi infancia me sentí emocionalmente aislado. Nadie parecía prestarme atención».

Este sentimiento de haber sido ignorado por completo en cuanto a relaciones es mucho más común de lo que imaginamos. Los capítulos 8, 9 y 10 pueden resultar muy útiles.

Otra forma de contemplar esta pregunta significativa en lo emocional es preguntarse: «¿A quién deseaba muchísimo agradar?».

¿Quién deseaba que viera con buenos ojos todo lo que hacía? ¿A quién trataba más de agradar con mi ropa, corte de pelo, actitudes, y así sucesivamente? La respuesta a menudo es un reflejo excelente en cuanto a influencias significativas en lo emocional en la infancia. Quizá no se sintiera apegado a esas personas, pero influyeron en forma significativa en sus valores.

La percepción de la infancia que tiene el niño moldea mucho más que las realidades

Vivíamos en South Bend, Indiana, cuando nuestra hija Kimberly y nuestro hijo J. Ira eran pequeños. Después de esa época, hemos vivido en el sur de California. Cuando los hijos ya tenían edad suficiente como para valorarlo y eran lo bastante jóvenes como para desear ir, hicimos dos recorridos en automóvil alrededor de los Estados Unidos, para visitar a clientes y la familia en verano.

En uno de los viajes, decidimos regresar a South Bend, Indiana, para visitar nuestra primera casa. A unos setenta y cinco kilómetros al oeste de South Bend, comenzamos a hablar de esa casa. Kimberly, que tenía seis años cuando salimos de South Bend, ya tenía once años. Comenzamos pidiéndole que describiera cómo era nuestra casa.

Para que el lector tenga una cierta perspectiva, nuestra casa en California era de unos ochocientos metros cuadrados, en un terreno de unos dos mil metros cuadrados, con tres habitaciones y dos baños y medio; la casa en South Bend era de unos trescientos cincuenta metros cuadrados.

Así que le preguntamos a Kimberly,

—¿Cómo describirías nuestra casa en South Bend en comparación con la de California?

—Bueno —respondió—, era más o menos del mismo tamaño, pero la casa de South Bend quizá era un poco más grande.

Le preguntamos:

—¿Qué tamaño tenía tu habitación en comparación con la que tienes ahora?

—Oh —dijo—, mi habitación en South Bend era bastante más grande.

En realidad, era una habitación de tres metros por tres y medio, y su habitación en California era de cuatro metros por cuatro y medio. Continuamos en la misma línea, y en todas las dimensiones, a sus ojos de niña, la pequeña casa de South Bend era «enorme». Cuando vivimos en ella, Kimberly era una niña pequeña en una casa grande.

Las percepciones moldean más que las realidades.

Algunas personas crecieron pobres, pero ni lo sabían. Nunca me olvidaré de un programa de televisión en el que entrevistaban a Dolly Parton, la famosa cantante de música country, en el que, entre otras cosas, dijo: «Crecimos pobres, pero nuestra madre nunca nos hizo saber que éramos pobres». No se sintió emocionalmente irritada por ser pobre. Pero tengo un cliente que dijo: «Crecí pobre y me sentía pobre y avergonzado, y sigo sintiéndome así». Se siente emocionalmente empujado a eliminar la posibilidad de volver a ser pobre, con reservas de dinero en efectivo y más reservas de dinero en efectivo, y reservas de dinero en otros países, y nuevas compañías y compañías diferentes. Nunca tiene suficiente debido a su percepción (sentimiento predominante de niño) de haber sido pobre e inseguro de niño.

Todos los niños comienzan como una esponja respecto al amor

¿Puede mencionar a personas que lo amaron en forma incondicional de niño? Todos los niños necesitan al menos una persona que los ame sin condiciones. Un padre, un abuelo, una tía o tío, un amigo o un vecino pueden comunicarle al niño: «Mereces que te quiera, eres digno de la atención de los adultos, eres digno de mi amor, y lo tienes sin tener en cuenta lo que hagas o no hagas». Este amor sin condiciones le da al niño un sentido de que vale.

¡Piense en ser un «dador de amor» a niños que hoy sienten que nadie los ama!

Pero si de adulto examina su niñez y no encuentra amor incondicional, ahí surge la pregunta de adulto: «¿Soy digno de que me amen?». Es obvio que es digno de ser amado precisamente porque es un ser humano, pero a veces puede que no se sienta así.

Si de niño no recibió amor incondicional, lo buscará durante toda la vida y hará casi lo que sea para obtenerlo. Todos los niños necesitan amor incondicional, incluso el niño que parece que no es probable que responda, el que tiene un problema de conducta, el que parece más frío, el más distante, el más reservado, el más estoico. Ese niño necesita amor tanto como el que se acurruca en su regazo. *Asumamos que todos los niños son esponjas respecto al amor.*

Cuando se da un poco de amor a un niño frío, distante, insensible, que nunca ha recibido amor, es como derramar agua en una esponja seca. El agua puede ser visible en la superficie y parecer que no penetra para nada. Pero cuando se sigue derramando agua sobre esa esponja seca, en algún momento comienza a penetrar, y luego va penetrando más y más y más y más.

Pero no hay que dejar de amar a un niño que parece que no acepta el amor. La realidad es que el niño no sabe cómo aceptarlo. Lo necesita desesperadamente, del mismo modo que una esponja necesita agua, pero quizá no sepa la manera adecuada de absorberlo.

Hay que seguir siendo pacientes, cariñosos y acogedores. Hay que seguir diciéndole al niño que lo amamos sin importar su comportamiento. Mencionemos cosas que ha hecho bien. Llegará el momento en que el niño sabrá asimilarlo.

Una vez que ha desarrollado la capacidad de absorber amor, el niño tendrá la tendencia a desear estar físicamente cerca de uno y de estar con uno porque los niños necesitan un amor constante.

Si de niños no recibimos amor, ¿dónde lo hemos encontrado ya de adultos? Si nunca lo tuvo de niño, es probable que esté renuente a aceptar que es digno de que lo amen sin dar nada a cambio, ya sea el amor de Dios o el amor del cónyuge.

Quizá sus padres le hayan transmitido: «Mereces que te ame si…», o «Mereces que te ame, pero….», o «Mereces que te ame y sigue procurándolo». Pero ¿hubo alguien en su vida que le comunicara con acciones y no con palabras: «Mereces que te ame porque te amo, está bien que seas como eres, y no tienes que ser algo que no eres»? Esa persona influyó en su vida, pasara o no mucho tiempo con ella.

El niño que no recibió amor en su infancia tuvo una infancia traumática aunque no hubiera ningún trauma especial.

He hablado con adultos que tuvieron una infancia muy traumática porque no pueden recordar ningún momento en que los amaron solo por ser quienes eran. Los niños pequeños pueden no sentirse amados si no se les dice de palabra que los amamos.

De nuevo, ¡digamos a los hijos que los amamos! A los niños que de verdad amamos:

- *digámosles* y mostrémosles que los amamos

- *digámosles* lo que hacen bien

- *digámosles* cuando se muestran creativos

- *digámosles* que son cariñosos

- *digámosles* que son especiales

Reconozcamos sus fortalezas. Las palabras que utilizamos para decirles a los niños lo que vemos en ellos ayudan a una edad muy temprana a moldear el concepto que tengan de sí mismos.

Capítulo 2

¿Cuál es su fobia predominante como adulto?

Un sentimiento predominante de niño conduce a una fobia predominante de adulto (por ejemplo: temor al fracaso, rechazo o insignificancia).

Su fobia predominante de adulto es el temor poco realista de que siempre permanecerá cautivo de los temores de su infancia o, si tiene sentimientos positivos de niño, perderá el calor emocional de su infancia al llegar a la vida adulta.

Hay ocho categorías de fobias predominantes como adulto. Asigne, por favor, un valor a los puntos siguientes en una escala de 1 a 10:

    1   =   para mí no tiene carga emocional

   10   =   para mí tiene carga emocional

Recuerde que puede hacer los cambios que desee en cualquier momento. Mi fobia predominante como adulto (temor poco realista) está en el área de…

   1. **10** *rechazo* (personal) (foco emocional: no me aman)…

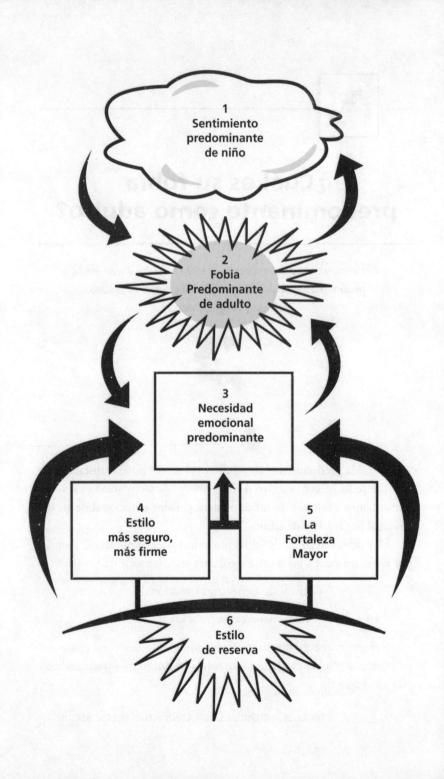

Temor de...

- perder el afecto de una persona a la que amo
- nunca conseguir intimidad
- nunca haber sido de verdad amado sin condiciones
- nunca haber sido lo suficientemente bueno como para merecer ser amado
- revelar mi yo íntimo a alguien, y luego ser personalmente rechazado
- Otro _____

2. ___**|**___ *insignificancia* o no marcar una diferencia visible o duradera.

Temor de...

- quedar atrapado en un puesto muy limitado
- morir en la oscuridad
- no dejar ningún legado
- no lograr más que mediocridad
- no haber estado a la altura de mi potencial o mis expectativas
- Otro _____

3. ___**|**___ *no conservar* un puesto favorable

Temor a...

- defraudar a los que cuentan conmigo o me admiran
- perder la admiración; ser rechazado por mi grupo
- perder el estatus de «héroe» (en la familia, el grupo, el equipo)
- no ser reconocido o respetado como el «héroe»
- no ser reelegido
- otro _____

4. __5__ *invisibilidad*, ser ignorado, inadvertido o
desapercibido

Temor a...
- ser como un objeto de adorno
- estar solo, aislado
- ser prescindible, innecesario o carente de
importancia
- ser olvidado, fuera del «centro de las cosas», apartado
- no ser tomado en serio
- no conseguir que las personas me escuchen
- otro _____

5. __5__ *no sentirme* personalmente preparado debido a
pobre desempeño

Temor de...
- parecer «tonto», «estúpido», «lento» o
«incompetente»
- ser descubierto – quizá «no doy la talla»
- hacerlo mal; no hacerlo de manera adecuada
- no llegar a colmar expectativas
- que otros vean los errores que trato de encubrir
- otro _____

6. __10__ *dependencia* y luego ser abandonado o decepcionado

Temor a...
- ser controlado o atrapado emocionalmente
- ser engañado; confiar demasiado en las personas
- ser pobre; no poder mantener un estilo de vida
cómodo

- perder el control; no poder cuidar de mí mismo
- otro _____

7. __5__ *no ser visto* como adulto

Temor a…
- ser segundo violín, no en su nivel
- tratar con figuras de autoridad – hombres o mujeres dominantes
- enfrentar a hombres o mujeres duros
- no ser visto como una «mujer madura» o un «hombre de verdad»
- no ser tomado en serio (escuchado) como adulto
- Otro _____

8. __5__ rechazo (social) (foco emocional: el grupo me ha rechazado)

Temor a…
- ser rechazado por iguales
- sentir la desaprobación de otros
- quedar como un tonto delante de mis iguales
- no ser aceptado socialmente
- no ser bien visto
- no ser popular o del agrado de mis amigos
- Otro _____

De las ocho fobias predominantes como adulto (temores no realistas), con la que más lucho es la fobia en el área de

1. _____ *rechazo* (personal) (no me aman)
2. _____ *insignificancia* o no marcar una diferencia notoria o duradera

3. _____ *no conservar* una posición preferida

4. _____ *invisibilidad*, ser ignorado, desapercibido o inadvertido

5. _____ *no sentirme* personalmente adecuado debido a pobre desempeño

6. _____ *dependencia* y luego ser abandonado o defraudado

7. _____ *no ser visto* como adulto

8. _____ *rechazo* (social) (el grupo me ha rechazado)

La forma en que expresaría esta fobia con mis propias palabras sería: «Como adulto, con frecuencia tengo un temor no realista de:

no ser aceptada como soy, perder a alguien y no tener lo necesario. ».

¿Qué ocurre si no puede pensar en ninguna fobia? ¿Cuál es su peor pesadilla? ¿Cuál es la cosa que más teme que pueda ocurrir algún día? Quizá no le haya sucedido, pero es lo que más teme. ¿Qué clase de situaciones lo hacen sentir más incómodo?

Si su infancia fue sobre todo positiva, con frecuencia el temor es que nunca podrá regresar o conservar la posición preferente que tuvo en la infancia. Es el temor de perder la posición del ser el hijo preferido o de no hacer realidad su verdadero destino.

Las fobias predominantes de adulto son muy frustrantes porque, desde la perspectiva de otras personas, el temor no tiene base visible (real)

Pensemos en una joven que participa en un concurso de belleza y que siente que está gorda o que va a ser gorda, o que piensa que es gorda porque de niña era rolliza. El temor de pasarse de peso es su fobia predominante de adulta.

El temor no es realista. No es una realidad objetiva. Cuando los amigos se enteran de que teme ser demasiado gorda, dicen: «¿Estás bromeando?».

Su fobia es por igual sorprendente para otras personas. Puede temer ser controlado o puede temer defraudar a alguien, o puede temer ser insignificante. Cuando le cuenta a su mejor amigo su fobia, la persona responde: «¿Estás bromeando?». Lo que la persona en principio no ve es que muchos de sus patrones de adulto son reacciones a la fobia.

Así pues, las fobias son muy reales para nosotros, pero la mayor parte de las mismas no encajan con los hechos de la vida del adulto. No son sino el resultado de un sentimiento predominante de niño.

Por ejemplo, en cierta ocasión íbamos a comprar una casa. Había pagado la cuota inicial y estábamos planeando ir a vivir en una pequeña comunidad excelente. Era una casa y un terreno mejores que los que teníamos en la comunidad donde estábamos viviendo por ese entonces, y habíamos conversado con personas que vivían en la zona y nos agradaron.

Las fobias predominantes de adulto son impredecibles y, a veces, muy embarazosas.

De repente, experimenté una fuerte reacción que no entendía. Solo quería salirme del lugar. Con todas mis fuerzas deseaba salirme del lugar. Nos alejamos de la pequeña ciudad y nunca regresamos.

Quince años más tarde, cuando me encontraba trabajando en mi «patrón por qué», descubrí por qué había reaccionado de una forma tan poco razonable ante esa situación. Tuve miedo; mi fobia predominante de adulto me había hecho reaccionar en demasía.

Algunas fobias predominantes de adulto que provienen de la infancia se pueden disminuir de forma drástica una vez que se puede mirar la causa de la fobia con ojos de adulto.

La fobia predominante de adulto es el área principal más difícil en la que conseguir confiar en Dios y en otras personas

Muchos líderes cristianos espiritualmente maduros dicen:«¡Oro y oro y oro, y dejar atrás el temor a ser rechazado o de defraudar a alguien o poner en manos de Dios el temor a la insignificancia parece casi imposible!». Las respuestas espirituales a las fobias no siempre parecen dar seguridad a una persona. En otras áreas la misma persona puede tener una gran fe.

También es sumamente difícil confiar en las personas en el área de su fobia. Su amigo más íntimo puede haberle demostrado su amor una y otra vez, pero si su fobia predominante de adulto es el temor de ser rechazado como persona, quizá sea renuente a confiar en ella.

Un patrón común que he podido ver es el que combina un temor de las personas y un temor de Dios. Por ejemplo, si su padre natural lo abandonó, tiene fobia de que todos los demás lo abandonen, incluyendo a Dios. El hecho de que Dios lo ame sin condiciones es una verdad casi imposible de aceptar a nivel emocional, incluso en el caso de un pastor que predica sermones sobre el amor sin condiciones y la gracia de Dios.

La mejor forma que conozco de crecer en el área de la fobia predominante de adulto es aprender de memoria y luego meditar acerca de verdades adultas racionales, confiables. Al reflexionar acerca de estas verdades, la mente comienza a renovarse para convertirse en un nuevo punto de vista adulto. Pero no sucede de repente y con facilidad. (Ver el Apéndice 1:10 «Reflexión y memoria»).

Quizá la fobia predominante más común de adulto es el temor al fracaso

Muchas personas tienen una fobia en la esfera del fracaso, aunque todo lo que hayan hecho hasta ese momento en la escuela primaria, en la secundaria, en la universidad y en la vida adulta haya tenido éxito.

El fracaso significa para las personas tres cosas muy diferentes.

1. TEMOR AL FRACASO = PÉRDIDA DE POSICIÓN PRIVILEGIADA

   «Si fracaso, las personas ya no me admirarán más, y ya no seré más su héroe».

2. TEMOR AL FRACASO = SENTIMIENTO DE INSUFICIENCIA PERSONAL DEBIDO A UN DESEMPEÑO DEFICIENTE

   «Si fracaso, me volveré a sentir deficiente. He fracasado en satisfacer las expectativas de otras personas respecto a mí. Soy una persona que no da la talla».

3. TEMOR AL FRACASO = TEMOR A NO SER RESPETADO COMO ADULTO

   «Si fracaso, creo que demuestra que, después de todo, no soy un "hombre de verdad" [o una "mujer madura"]. No sorprende que las personas me traten como a un niño. No soy adulto».

Ningún ser humano cabal en lo emocional desea fracasar, pero ¡esto es diferente de tener una fobia predominante de adulto en el área del fracaso!

Para algunas personas, la palabra *fracaso* conlleva una carga emocional muy pesada. Es una fobia predominante de adulto.

En cuanto a mí, no deseo fracasar, no me interesa para nada fracasar. No me gusta fracasar, pero tampoco es una fobia que tengo. No voy por la vida pensando: *¿Voy a fracasar?* Esto nunca me preocupa. Doy por sentado, básicamente, que antes o después voy a tener éxito. Claro que tengo fobias como cualquiera, pero el fracaso no es una de ellas.

La fobia predominante como adulto en el área del fracaso a menudo está vinculada con la máscara emocional.

Cuando nos ponemos una máscara emocional (una «fachada falsa») ya en la infancia, lo usual es tener un horrible temor de fracasar porque puede conducir a que nos desenmascaren. Tememos que, aunque parecemos adultos, si fracasamos, va a quedar al descubierto que somos niños en un cuerpo de adulto.

Por tanto, nos ponemos a la defensiva, controlantes en exceso y sin relaciones. Mantenemos la máscara bien puesta porque no queremos que nadie vea que en lo emocional somos como un niño de seis años. De modo que nunca divulgamos cómo de veras nos sentimos respecto a nada.

La máscara emocional sigue en su sitio:

¡Soy fuerte!

¡Todo está muy bien!

¡No me puedes herir!

¡Todo lo tengo bajo control!

La máscara suele ser una protección para no dejar ver el temor al fracaso y a ser rechazado. Lo usual es que no se permita ver detrás de la máscara emocional ni siquiera a los mejores amigos. (Ver el Apéndice 1:9, «Máscaras emocionales»).

Reflexión íntima

¿Cuál es su fobia predominante como adulto? Analícela hasta remontarse a su infancia. ¿Qué situaciones contribuyeron al desarrollo de esta fobia? ¿Qué hay de verdad en cuanto a esta área ahora que la analiza con ojos de adulto?

¿Cuáles son las verdades como adulto, los versículos bíblicos, las citas y las realidades que puede aprender de memoria o llevar consigo para irlas leyendo con el fin de que lo ayuden a mantener una perspectiva más basada en la realidad en esta área?

Capítulo 3

¿Cuál es su necesidad emocional predominante?

*Una combinación de su sentimiento predominante
de niño y su fobia predominante como adulto
desemboca en una necesidad emocional
predominante en su vida adulta
(la necesidad de ser amado, respetado o aceptado).*

Destacar una necesidad emocional predominante responde esencialmente a la pregunta: «¿Por qué hace lo que hace?».

Hay ocho necesidades emocionales básicas como adulto. Asigne un valor a los siguientes puntos en una escala de 1 a 10:

1 = sin carga emocional para mí

10 = con carga emocional para mí

Recuerde, ¡usted puede hacer cualquier cambio que quiera!

Como adulto, tengo la necesidad emocional predominante de ser

1. _____ *amado sin condiciones*, tal como soy.

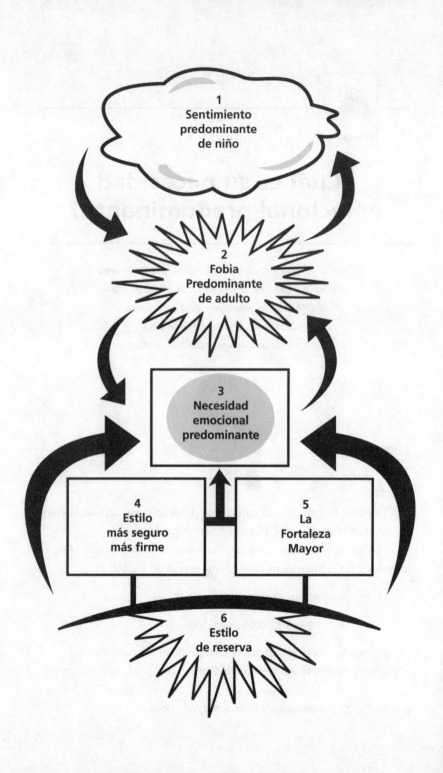

- Bien atendido; contactos tiernos por parte de los que me aman
- Conectado, vinculado, íntimo con amigos
- Visto como valioso por otros.
- Amado (aceptado) tal como soy sin necesidad de una máscara emocional.
- Amado y deseado, no solo necesitado.
- Amado, incluso cuando fallo.
- Tranquilizado – me aman por lo que soy, no por lo que hago.
- Especial para alguien.
- Otro _____

2. __1__ *significativo* y marcar una diferencia duradera.

- Ser pionero; cambiar la forma en que se hacen las cosas.
- Ser indispensable para el programa.
- Establecer nuevos récords; marcar una gran diferencia.
- Obtener reconocimiento como líder o pionero.
- Obtener el respeto de los iguales por mi significativa contribución.
- Otro _____

3. __1__ *admirado* como «héroe» (grupo, equipo, familia).

- Honrado como destacado, por encima y más allá de mis iguales.
- Admirado como «héroe».
- Visto como la persona que «en realidad consigue que se logre».

- Alabado por mis iguales.
- Otro _____

4. __2__ *reconocido*, no ignorado.

- Llamado por mi nombre, no por un sobrenombre (en ese instante me siento que soy el centro de la atención del que habla).
- Escuchado; mis opiniones se toman en cuenta de manera seria, se entienden bien.
- ¡Centro de atención!
- Visto siempre como necesario e importante.
- Otro _____

5. __5__ *valorado* por un trabajo bien hecho.

- Valorado y/o recompensado por lo que hago bien.
- Necesitado por personas, en especial por las que de verdad tienen necesidad.
- Recibido notas de aprecio: el aprecio llega muy lejos, mucho más allá de solo dinero.
- Me dicen «Buen trabajo… ¡gracias!». (Me dicen que respondí bien ante esa situación).
- Otro _____

6. __10__ *seguro* y en control.

- Seguro en lo económico; sólido en dinero en efectivo con reservas importantes.
- Poderoso; protegido.
- Seguro; no necesito depender de otros.
- Seguro en lo social y adecuado.
- Permanente en el trabajo; antigüedad.
- Otro _____

7. __10__ *respectado* como adulto, igual a otros adultos.

- Considerado competente.
- Respetado como persona.
- Respetado por mi habilidad.
- Respetado por mi experiencia.
- Confiable.
- Otro _____

8. __5__ *aceptado* socialmente, incluido e invitado socialmente con libertad para ser quien en verdad soy.

- Aceptado por el grupo; incluido en sus planes.
- Aprobado por el equipo.
- Invitado a integrarse, a asistir, a formar parte.
- Del agrado de todos … amado por unos pocos.
- Otro _____

De las ocho necesidades emocionales predominantes como adulto, la necesidad que necesito más y con la emoción más profunda es la necesidad de ser

1. __10__ *amado sin condiciones*, tal como soy.

2. _____ *significativo* y que marco una diferencia duradera.

3. _____ *admirado* como «héroe» (grupo, equipo, familia).

4. _____ *reconocido*, no ignorado.

5. _____ *valorado* por un trabajo bien hecho.

6. _____ *seguro* y en control.

7. _____ *respetado* como adulto, igual a otros adultos.

8. _____ *aceptado socialmente*, incluido e invitado socialmente con libertad para ser quien en verdad soy.

La manera en que formularía esta necesidad emocional predominante con mis propias palabras sería: «Como adulto, tengo una necesidad emocional predominante, la de ser: *aceptada como soy sin condiciones, con respeto a mi forma*».
de ser.

Su necesidad emocional predominante es una respuesta en una sola palabra a las «preguntas por qué» de su vida

Su necesidad emocional predominante es una necesidad emocional sumamente profunda en la cual se centran, de alguna forma, casi todas las acciones de su vida adulta. Esta necesidad es lo que (en lo más profundo del corazón) desea a toda costa y necesita de las demás personas en cada interacción que sostiene con ellas.

Cada vez que alguien satisface esta necesidad en su vida, se siente por un tiempo convencido de que su fobia no es real. Pero este convencimiento tiende a evaporarse muy pronto, por lo que queda de nuevo en una posición de necesidad.

Hay siete implicaciones muy claras de su necesidad emocional predominante que merece la pena mencionar.

1. La necesidad emocional predominante es el punto focal de sus decisiones.

Cuando comienza a tomar una decisión, la verdadera pregunta es: «¿Va a contribuir esta decisión a influir en la satisfacción de mi necesidad emocional predominante, o me empujará esta decisión más en la dirección de mi fobia predominante de adulto?».

Por ejemplo, cuando decide comprar un automóvil o una casa o cambiar de trabajo, se pregunta: «¿Conducirá esta decisión a la satisfacción de mi necesidad emocional predominante (amor, importancia, admiración, etc.)? ¿O me adentrará más hacia mi fobia predominante de adulto (rechazo, insignificancia, fracaso, etc.?». Aprovechamos al máximo nuestras decisiones sobre la base del impacto potencial en nuestras necesidades emocionales y fobias como adulto.

2. La necesidad emocional predominante es la base del escuchar.

Sus emociones están buscando sin cesar maneras de conseguir satisfacer su necesidad emocional predominante. Una persona puede hacer esta sencilla afirmación: «Me gusta tu camisa». El único significado real del comentario puede ser este: «Me gusta esa camisa. Me gusta el color». Pero usted puede interpretarla como «Le gusto a esa persona». Alguien puede decir: «Me gusta tu cabello». Quizá la persona quería decir: «Me gusta la forma en que te ha peinado el estilista». Pero usted escucha: «Le gusto a esa persona».

Una mujer que tiene una necesidad emocional predominante de ser amada puede oír la declaración: «Me gusta tu brazalete». Pero emocionalmente, oye: «Le debo gustar a la persona porque le gusta mi brazalete».

3. La necesidad emocional predominante es la base sobre la cual juzgamos nuestras relaciones.

Lo que una persona busca en un cónyuge suele ser alguien que no amenace la fobia adulta predominante y parece poder satisfacer de manera permanente la necesidad emocional predominante. Por ejemplo, un atleta cuya necesidad emocional predominante es ser amado sin condiciones y puede estar buscando a alguien a quien no le impresionan demasiado los premios al jugador más valioso y los álbumes de recortes de prensa. El atleta busca a alguien que «me ama como persona».

4. La necesidad emocional predominante a menudo es la base a partir de la cual escogemos los grupos a los que nos unimos.

Cuando las personas se sienten atraídas a un club, una universidad o un grupo religioso, el himno, el mensaje o la idea que los atrajo al grupo es probable que fuera algo que «prometía» satisfacer la necesidad emocional predominante. Por ejemplo, el muchacho que no siente amor en el hogar, asiste a una escuela bíblica de vacaciones por primera vez, y oye el cántico «Jesús me ama» oye una promesa de amor. De igual modo, cuando un público escucha la invitación de un orador de «Vengan a ayudarLa respuesta es «Esta es mi clase de personas. ¡Quiero unirme a estas personas!».

5. La necesidad emocional predominante es la pregunta crucial en una reevaluación o crisis de los cuarenta.

En una reevaluación de los cuarenta una de las preguntas que se plantean con más frecuencia es: «¿Saben las personas más significativas emocionalmente en mi vida satisfacer en realidad mi necesidad emocional predominante?». La crisis de los cuarenta se presenta cuando la conclusión es «¡No!». Aquí es donde definimos nuestra necesidad emocional predominante y nos volvemos en extremo francos con nuestra compañera de por vida o amigo íntimo sin esperar que esa persona lo averigüe por su cuenta. Ábranse y expliquen con gran claridad, precisión y emoción cuál es su necesidad emocional predominante y traten de entender y satisfacer también su necesidad emocional predominante.

6. La necesidad emocional predominante es la razón por la que usted es emocionalmente «impelido».

Llegamos a extremos inauditos para conseguir satisfacer la necesidad emocional predominante. Sometemos a presión a nuestro cuerpo, mente y emociones, a veces hasta el límite, por una gota de amor, respeto, importancia, y así sucesivamente. Trabajamos horas y horas y horas extra para conseguir satisfacer esa necesidad. Haremos lo que se requiera para conseguir que se satisfaga esa necesidad.

Cuanto más vacíos nos sentimos cuando nuestras necesidades quedan insatisfechas, tanto más probable es que vayamos a destruirnos. Como Steve Arterburn, fundador y presidente de los New Life Treatment Centres, dice: «Cuanto mayores son nuestros logros que producen poca satisfacción de nuestra necesidad, tanto más desesperados nos volvemos y abiertos a comportamientos incongruentes con nuestros valores».

7. Lograr metas que no satisfacen nuestra necesidad emocional predominante se toma a menudo como un desengaño o desilusión destructiva.

Quizá asumamos de manera ingenua que si pudiéramos alcanzar alguna meta «máxima», quedará satisfecha nuestra necesidad emocional predominante y que desaparecerá para siempre nuestra fobia adulta predominante. Cuando no sucede así, nos sentimos muy decepcionados y, francamente, muchas veces desilusionados. En el mejor de los casos, satisfacer la meta produce una satisfacción temporal de nuestra necesidad emocional predominante.

¿Quién espera que pueda satisfacer su necesidad emocional predominante?

¿Quién desea más que satisfaga su necesidad emocional predominante?

Os Guinness, conocido conferencista y autor en la esfera internacional, ha acuñado una expresión «un público de uno», que me ha llamado la atención. Dice que la persona en verdad madura tiene «un público de uno, y ¡ese Uno es Dios!». Estoy de acuerdo con Os. Este concepto sigue siendo el ideal.

Mi experiencia, sin embargo, me dice que ser respetado o amado por Dios no es lo mismo que ser respetado o amado por otros seres humanos. A veces la mejor forma de satisfacer nuestras necesidades emocionales es por medio de una profunda comprensión de Dios, pero a veces resulta en grado sumo útil que participe en este proceso una persona amable, respetuosa y acogedora.

Se genera vulnerabilidad cuando una necesidad emocional predominante queda sin satisfacer

Preocupa en gran manera la posibilidad de un desliz moral.

¿Por qué un pastor que conoce la diferencia entre el bien y el mal comete adulterio?

¿Por qué un juez federal acepta un soborno bastante pequeño y con ello se arriesga a que lo expulsen?

¿Por qué el presidente de una nación corre riesgos ilegales que podrían conducir a su impugnación?

Del mismo modo que el dolor físico es real, también lo es el dolor emocional. Esta verdad se podría expresar con la siguiente ecuación:

DOLOR FÍSICO = DOLOR EMOCIONAL

Muchos que han vivido la experiencia de la pérdida de un ser querido dicen que preferirían mucho más el dolor físico al emocional.

El Dr. Joel Robertson es especialista en neurofarmacología y en el desarrollo de sistemas de cuidado uno mismo utilizando tecnología química del cerebro. El Dr. Robertson ha visto a más de once mil pacientes que sufrían de diversas formas de dolor emocional y físico. Esto es lo que tiene que decir acerca del dolor emocional:

«El dolor, tal como lo conocemos, asume muchas formas, y cada una de ellas puede ser profunda en su efecto sobre el funcionamiento saludable de una persona. El dolor emocional, físico y espiritual afecta la perspectiva que tiene una persona de sí misma, de Dios y de otros. Este dolor altera la intimidad, aceptación y amor que se experimenta o se da, con lo cual se destruyen los componentes sanos de una relación. Somos seres de relaciones, y nuestra salud total la determina la salud de nuestras relaciones.

»El dolor emocional no se ve con la misma facilidad que un brazo o pierna rotos, pero obstaculiza la integridad de una persona. Un brazo o pierna rotos sanarán sin ningún esfuerzo especial de la persona, mientras que el dolor emocional empeora cuando se ignora.

»En algún momento el dolor emocional se intensifica hasta el punto en que causa o empeora el deterioro físico y espiritual. Presión sanguínea alta, úlceras, artritis y alergias no son sino unas pocas enfermedades que el dolor y estrés emocionales causan o empeoran. El deterioro espiritual a menudo asume la forma de carencia de gozo y paz. Solo somos tan felices como la parte menos feliz de nosotros».

Pero muchas personas no parecen ver que la necesidad emocional a menudo es tan potente en determinar el comportamiento como la necesidad física, y a veces incluso más. Y esta verdad podría proponerse en la siguiente ecuación.

NECESIDAD FÍSICA = NECESIDAD EMOCIONAL

Una necesidad emocional predominante es una necesidad tan catalizadora como una necesidad física. A menudo utilizo el siguiente ejemplo, extremo, poco realista, cuando hablo a grupos para ilustrar esta idea de vulnerabilidad.

Imaginemos que le ofrezco lo siguiente: «Si roba un libro para mí, le daré un vaso de agua».

Sin embargo, acaba de beber un vaso de agua, y no tiene sed. Me dice: «Bobb, ¿por qué piensa que yo, una persona moral y recta, robaría un libro para usted a cambio de un vaso de agua? Ni siquiera tengo sed».

Respondo: «Está bien. Lo entiendo».

Pero ahora imaginen que ha estado en un desierto por cuatro días a una temperatura de más de 50 grados. Tiene los labios tan resecos que se han agrietado. Ya no puede tragar, y si bebiera agua, tendría que ser gota a gota. Así de sediento está. Todas las células de su cuerpo se mueren por algún líquido.

Está al límite de la deshidratación. ¡Está a punto de morir!

Ahora le hago la misma propuesta: «Mire, lo único que tiene que hacer es robar un libro. Si lo hace, le daré esta gran copa de agua totalmente pura».

¿Ven la diferencia?

Ambas ecuaciones describen con claridad el comportamiento humano.

DOLOR FÍSICO = DOLOR EMOCIONAL

NECESIDAD FÍSICA = NECESIDAD EMOCIONAL

Con frecuencia, este nivel de necesidad conduce a una persona en la dirección contraria a la de toda la verdad de su vida. Por esta razón se convierte en un punto tan vulnerable. Por esta misma razón, hay pastores principales que abandonan matrimonios y púlpitos de veinticinco años para casarse con la secretaria de la iglesia, dejando a una iglesia llena de miembros desilusionados.

¿Será por esta razón correcto? ¡Claro que no! ¿Lo hace moral o ético o legal? No. Conocer el poder de las necesidades emocionales solo nos ayuda a entender por qué hay mujeres que se van con hombres que no son sus maridos, y por qué hay hombres que se van con mujeres que no son sus esposas.

Muchas veces, en una aventura amorosa, la «otra» persona no es tan atractiva (en apariencia) como la esposa. La persona a menudo no tiene tanto dinero ni posición social. ¿Por qué alguien haría algo semejante? La «otra» persona satisface una necesidad emocional predominante que la esposa no ha sabido satisfacer, ha dejado de satisfacer, no puede satisfacer o decide no satisfacer.

Alguien puede decir: «Bueno, yo nunca haría nada semejante. Nunca robaría un libro, y nunca tendría una aventura amorosa, ¡por muy necesitado que estuviera!».

Espero de verdad que nunca llegue a sentir ese nivel de necesidad. Pero hay que tener cuidado en decir que nunca lo hará, porque cuando se llega a cierto nivel de necesidad (física o emocional), lo cierto es que la tentación se vuelve importante. Por esta razón hombres y mujeres hacen cosas que, un año antes, nunca pensaron que harían.

Su necesidad emocional predominante debería ser confidencial, excepto en caso de amigos íntimos en los que confiamos, porque hay personas que pueden fácilmente aprovecharse al saber qué necesita usted.

Reflexión íntima

No todas las personas son tentadas de la misma forma. Lo que es muy tentador para una persona no lo es para nada para otra. Al reflexionar para mirar a lo más profundo de su corazón, pregúntense: «¿Cuál es mi necesidad emocional predominante? En qué podría ser tentado moral, ética o legalmente a comprometer mis valores con el fin de satisfacer mi necesidad emocional predominante?».

> En el fondo lo que necesita es decirse: «Muy bien, en esto es en lo que soy más vulnerable. Todo el que llegue a satisfacer mi necesidad emocional predominante de manera consistente tiene mi atención emocional. Es muy tentador ser atraído hacia esa persona o grupo en una forma inadecuada o hacer cosas que normalmente no haría para que satisfagan mi necesidad emocional predominante. Puedo ser vulnerable a ellas de alguna forma. Así que, ¿cómo me puedo proteger? ¿Dónde debo imponerme levantar una valla para no seguir avanzando?».

El concepto de palabras emocionalmente iguales es muy importante porque maridos y esposas tienen puntos de vulnerabilidad emocional que pueden ser muy, muy diferentes. Su necesidad emocional dominante puede ser obtener respeto. Y la necesidad emocional predominante de su cónyuge puede ser recibir amor. La siguiente ecuación sería *emocionalmente verdadera*:

$$\text{RESPETADO} = \text{AMADO}$$

Sea lo que fuere que su cónyuge mencione como la necesidad emocional predominante, lo necesita tanto, y en principio con la misma intensidad, que lo que uno mencione como la necesidad emocional predominante propia.

Una combinación que a menudo veo es un marido que tiene una profunda necesidad de importancia y una esposa que tiene una profunda necesidad de seguridad. El marido debería ver, pero con frecuencia no ve, que la necesidad de seguridad que siente su esposa es tan grande como la necesidad de importancia que siente él. Cuando llega a casa y se pone a hablar de una nueva oportunidad de tener un trabajo que sería mucho más significativo pero requeriría cambiar de ciudad, no sorprende que la esposa reaccione con resistencia. Para ella representa una amenaza a su seguridad.

Si el marido presentara la oportunidad en función de «mejor salario y, por tanto, más ahorro y, a no tardar, más seguridad financiera», serían mucho mayores sus posibilidades de obtener una respuesta positiva.

Con frecuencia parece imposible comunicar a una persona cuán profunda es la necesidad que tiene el cónyuge de sentirse amada, segura o aceptada hasta que se presenta la necesidad como algo que la esposa necesita «tanto como uno necesita ser admirado» (o valorado o reconocido).

Del mismo modo que las necesidades son iguales, las fobias adultas predominantes son también iguales, ya sea el temor a ser socialmente rechazado o el temor a la insignificancia.

Una vez que tanto el marido como la esposa entienden las fobias y necesidades del otro, es mucho más fácil ser sensible a sus diferentes puntos de vulnerabilidad. Cuando nos sentimos algo vulnerables, digámoselo a nuestra esposa como protección importante contra la manipulación.

Vulnerabilidad a la manipulación en ventas

También somos vulnerables a la manipulación de parte de vendedores en la esfera de la necesidad emocional predominante. Somos potencialmente vulnerables a timadores seductores y a otras clases de manipuladores sociales y relacionales.

Somos vulnerables, por ejemplo, a los anuncios comerciales de compañías de automóviles que prometen que, si conducimos el nuevo modelo deportivo de la compañía, se fijarán en nosotros. De hecho el automóvil puede ser inferior a un modelo similar que fabrica otra compañía en cuanto a precio, calidad y kilometraje, pero ¡compramos ese automóvil que promete que los demás se fijarán en nosotros!

De igual modo, somos vulnerables al vendedor de ropa que promete que un vestido o traje concretos será muy bien visto en la reunión social. Creemos que se nos reconocerá y seremos aceptados con solo comprando esa prenda concreta.

En general, los vendedores que presentan sus mercancías o servicios como conducentes a ser amados, importantes, admirados, reconocidos, valorados, seguros, respetados o aceptados, reciben nuestra atención.

Una necesidad emocional predominante se satisface solo por un breve tiempo para luego convertirse de nuevo en una necesidad

Podemos tener una o más necesidades emocionales predominantes. Se pueden satisfacer por un período breve de tiempo. Cada vez que alguien satisface nuestras necesidades nos sentimos tranquilizados por un tiempo de que no es real nuestra fobia adulta predominante.

Pero debido a nuestro sentimiento predominante de niños y a nuestra fobia adulta predominante, la tranquilidad parece evaporarse muy rápido, lo cual nos deja una vez más sintiendo nuestra necesidad emocional predominante. No importa las veces que recibamos un cumplido que satisface esta necesidad emocional predominante, solo nos reafirma por un tiempo.

Cuando alguien dice: «Te quiero» a alguien que ha sido amado de forma condicional durante su vida, la persona necesitada puede volver a necesitar pronto que se la reafirme. Esto es así por el temor fóbico de que «esta persona en realidad no me quiere y quizá me rechaza» asoma de nuevo la cabeza en unos minutos u horas.

Los seres humanos hacemos todo lo que podemos para confirmarnos de que nuestros temores fóbicos no son reales y para asegurarnos de que nuestras necesidades emocionales se satisfacen en forma regular. A veces cuando una persona expresa admiración por alguien que necesita que se lo admire con frecuencia, la persona necesitada esperará que se repita la expresión de admiración. La persona actuará como si no oyera con claridad, pero ¡en realidad la persona solo necesita volver a oírlo!

Capítulo 4

¿Cuál es su estilo más seguro y estable?

Como adultos, desarrollamos lo que parece ser el estilo más seguro, más estable (facilitar, liderar o rescatar) de relacionarnos con la vida para garantizar que quedará satisfecha nuestra necesidad emocional predominante.

Seguiremos probando nuevos estilos hasta que uno de ellos satisfaga la necesidad emocional predominante. Mantendremos ese estilo más seguro, más estable, hasta que ya no funcione más.

Hay ocho clases de estilos seguros y firmes que utilizan los adultos para conseguir que quede satisfecha su necesidad emocional predominante. Califique en una escala de 1 a 10 los siguientes elementos:

1   =   sin carga emocional para mí

10   =   con carga emocional para mí

Recuerde, ¡siéntase libre de introducir los cambios que desee!

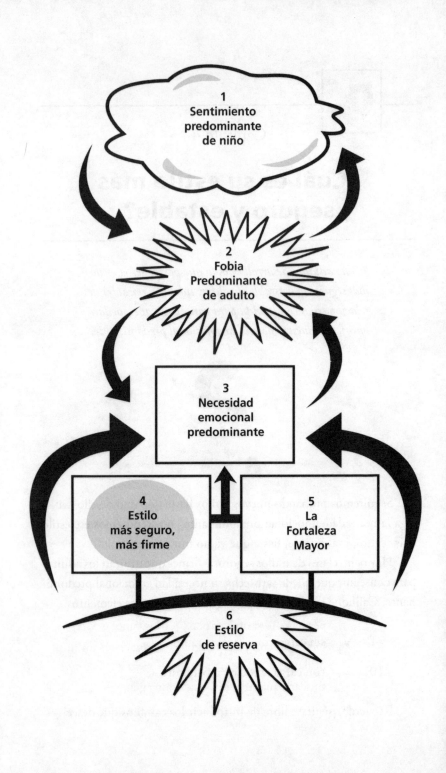

Mi estilo más seguro, más firme, para conseguir satisfacer mi necesidad emocional predominante es desempeñar el rol de...

1. _____ *habilitador.*

- Eso significa servir sin descanso... esperando poco a cambio... y encontrar excusas para los seres queridos que me hieren.
- Ganarme el amor sirviendo a los que amo.
- Habilitar a los que amo; ayudarlos a alcanzar sus metas; evitar enfrentarlos con sus problemas.
- Dar a otros lo que necesitan.
- Excusar (encubrir) a los seres amados cuando me hieren a mí o a otros.
- Hacer la paz (a casi cualquier costo); evitar conflictos; tratar de limar asperezas.
- Buscar avance positivo sin buscar el crédito (gloria).
- Otro _____

2. _____ *líder.*

- Esto significa liderar a personas hacia una meta importante.
- Hacer preguntas profundas.
- Desarrollar organizaciones en torno a sueños.
- Dedicar la vida a unas pocas metas y sueños primordiales.
- ¡Soñar grandes sueños!
- Hacer observaciones inteligentes y contribuciones permanentes; ofrecer perspectivas valiosas
- Describir con palabras gráficas muy claras un futuro brillante.
- Buscar y mantener el «panorama general».
- Otro _____

3. _____ *promotor.*

- Esto significa negociar… asumir riesgos… ¡dinamizar!
- Afrontar grandes retos que exigen mucho valor.
- Catalizar; dinamizar; entusiasmar a personas acerca de proyectos.
- Convencer al grupo de que «¡podemos hacer esto!».
- Negociar; arriesgar cosas que otros eludirían.
- Otro _____

4. _____ *animador.*

- Esto significa destacar en medio de la multitud… ¡hacerse notar!
- ¡Ser la vida de una reunión!
- ¡Vivir con vitalidad, estilo, habilidad!
- Crear un precedente; ser rimbombante; ser atractivo; ¡ser no tradicional!
- Actuar; ¡ser el centro de atención!
- ¡Impresionar a las personas haciendo lo inesperado!
- Otro _____

5. _____ *rescatador.*

- Esto significa proteger, defender y ayudar al desvalido o menos afortunado.
- Comunicar comprensión a la persona que se está sintiendo inadecuada.
- Empoderar al que no tiene poder; ayudar al impotente; amar al no amado.
- Encontrar casi irresistible una persona o situación de necesidad, a menudo, olvidándose de las

responsabilidades propias para ayudar a alguien que tiene más necesidad que yo.

- Rescatar al necesitado y amenazado.
- Otro _____

6. _____ *controlador.*

- Esto significa mantener la situación bajo control… asegurar las cosas… estar a cargo.
- Acumular dinero; tener poder.
- Ser muy cauteloso; diversificar.
- Comprar poder, automóviles seguros, camiones, lanchas, etc.
- Establecer límites, políticas, márgenes, muy claros.
- Recopilar lo que otros consideran que es demasiada información.
- Contratar buena seguridad según se necesite.
- Otro _____

7. _____ *especialista.*

- Esto significa ser el mejor en una habilidad específica… sabiendo más acerca de un tema… o tener lo más o mejor de algo.
- Ser por demás fuerte en un área muy específica de una especialidad.
- Educarse; hacerse más fuerte… más fuerte…. ¡MÁS FUERTE!
- Depender de la especialidad siempre que se reúne con alguien que no muestra el debido respeto.
- Otro _____

8. ____10____ *complaciente*.

- Quiere decir ser socialmente popular… la persona que agrada a todos

- Esforzarse al máximo por otros solo por si no fuera a agradarles si no los ayudara.

- No sabe decir no; muy dedicado.

- Crea un entorno en el que todos se sienten contentos.

- Ayuda a que todos se sientan aceptados y bienvenidos; de ser posible satisface la agenda de los demás.

- Hace felices a otros, incluso a costo propio.

- Gasta o da demasiado dinero para ser parte «del club».

- Lleva ropa a la moda; se viste en forma apropiada.

- Otro _____

De los ocho estilos más seguros, más firmes, el que utilizo más y con la mayor comodidad es ser un

1. _____ *habilitador*
2. _____ *líder*
3. _____ *promotor*
4. _____ *animador*
5. _____ *rescatador*
6. _____ *controlador*
7. _____ *especialista*
8. _____ *complaciente*

La forma en que describiría mi estilo más seguro, más firme, con mis propias palabras sería: «De adulto, mi estilo más seguro, más firme, de relacionarme para satisfacer mi necesidad emocional predominante es ser un _____

_____

_____».

Y también tiendo a evitar

1. _____ atención
2. _____ compromisos
3. _____ competir
4. _____ enfrentar
5. _____ intimidad
6. _____ liderazgo
7. _____ arriesgar
8. _____ socializar

Reflexión íntima

Si conoce a personas nuevas y desea que formen parte de aquellas que satisfacen su necesidad emocional predominante, ¿cómo se relaciona con ellas? ¿Qué trata de ser? ¿Qué hace? ¿Qué evita hacer?

El punto focal de su estilo (y cambios de estilo) más seguro, más firme suele ser ¡conseguir satisfacer su necesidad emocional predominante en una forma predecible y constante!

Su supuesto emocional es: «Si solo pudiera ser compasivo lo suficiente, liderar lo suficiente, ser atractivo lo suficiente, si solo pudiera acumular suficiente dinero, animar lo suficiente, proveer lo suficiente, o si solo pudiera evitar competir, enfrentar o arriesgar, sin duda que podría satisfacer mi necesidad emocional predominante en forma *permanente*».

Nota especial para los que satisfacen necesidades: habilitadores, rescatadores y complacientes

Para distenderse, deben alejarse por completo de las personas. Cuando están con alguien, ya sea una persona sin techo en la calle o un amigo cercano o un miembro de la familia, su sistema emocional sigue preguntando: «¿Cómo puedo satisfacer las necesidades de esta persona? Y si satisfago las necesidades de la persona, sin duda que la persona satisfará mi necesidad emocional predominante».

Mientras mayor es la amenaza que sentimos de que nuestra necesidad emocional predominante no será satisfecha, menor será la cantidad de opciones de estilo que nuestras emociones nos permitirán considerar

En condiciones no amenazadoras, es probable que sepamos relacionarnos con la vida de muy diversas formas, dependiendo de la situación. Pero en condiciones amenazadoras, regresamos a nuestro estilo más seguro, más firme.

Ante una amenaza grave, algunas personas reaccionan en formas que no parecen ser ni apropiadas ni efectivas. Por ejemplo, lo único que pueden hacer es:

- actuar
- aconsejar
- habilitar
- entretener
- vender
- enseñar

Cuando menos seguros nos sentimos, mayor es nuestra necesidad de recurrir a nuestro estilo más seguro, más firme, que es el que tiene mayor probabilidad de satisfacer nuestra necesidad emocional predominante.

Por ejemplo, el director de una escuela cuyo estilo más seguro y firme es controlar, puede actuar y reaccionar normalmente con estilos muy diversos (liderando, promoviendo, complaciendo). Pero bajo presión por encontrarse ante la junta de la escuela, puede pensar en función de conseguir o mantener a todos bajo control. Esto es así aunque el estilo más adecuado en esta situación sería el de un líder que considerara muchas opciones creativas nuevas.

Cambiar su estilo más seguro y firme suele requerir un modelo del estilo que desea emular

Los seres humanos no cambiamos nuestro estilo básico de vivir con comodidad. Resulta en extremo difícil cambiar sin un modelo claro de lo que queremos llegar a ser. Y somos muy, muy sensibles en las primeras etapas de cualquier cambio de conducta. Si alguien hace algún comentario que nos avergüenza, a menudo desistimos incluso de intentar cambiar. Puede resultar útil la siguiente ilustración.

La historia del elefante

Eran las once de la noche de un viernes. Estaba muy dormido cuando sonó el teléfono. Al otro extremo de la línea estaba mi amigo Duane Pederson, fundador del *Hollywood Free Paper*. Me preguntó:

—¿Qué te parecería ir a Tucson mañana? —me preguntó.

—¿Tucson? —refunfuñé—. ¿Qué se nos ha perdido en Tucson?

—Mi amigo Bobby Yerkes tiene una función de circo mañana en Tucson y me gustaría ir, salir de la rutina, limpiar las telarañas, y trabajar con él en el circo. Manejaremos alguna utilería, nos lo pasaremos bien y estaremos de regreso para las diez de la noche.

Es probable que no haya ningún joven en el mundo que no haya soñado con escapar con un circo, de manera que no me tomó mucho tiempo el aceptar la propuesta.

A la mañana siguiente, a las siete, nuestro avión despegó del aeropuerto internacional de Los Angeles en dirección a Tucson.

Cuando llegamos nos encontramos con un día cálido, polvoriento, ventoso, en el recinto donde estaba situado el circo. Desplazamos la utilería de una a otra de las tres pistas, ayudamos en todo lo que pudimos y en general nos llenamos de polvo, suciedad, y nos sentimos cansados y hambrientos.

Durante uno de los descansos, comencé a conversar con el hombre que amaestraba animales para películas.

—¿Cómo consigue hacer que responda al mismo tamaño de estaca un elefante de diez toneladas que este pequeño amigo? —pregunté, señalando un «pequeño» animal de trescientas libras.

—Resulta fácil cuando se saben dos cosas: la memoria de los elefantes en realidad es muy buena, pero no son muy listos. De pequeños, usamos una estaca para lograr que se tumben. Intentan librarse de la estaca quizá diez mil veces antes de caer en la cuenta de que nunca van a poder escapar de ella. Entonces, su memoria de elefante entra en juego y recuerdan por el resto de su vida que no pueden escapar de la estaca.

Nosotros los seres humanos a veces somos como elefantes. De jóvenes, alguien dice: «No es muy atractivo», «No es muy bonita» o «No son líderes muy buenos», y ¡ZAS!... se hunde en nuestra mente una estaca mental. A menudo, ya adultos, seguimos sintiéndonos frenados a causa de alguna estaca inexacta, cáustica, que nos introdujeron en la mente cuando éramos más jóvenes.

Sáquese algunas de las estacas que lo están frenando. En la actualidad es un adulto capaz de una gama mucho más amplia de estilos que los que está empleando. ¡Arranquemos juntos algunas estacas!

Capítulo 5

¿Cuál es su mayor fortaleza?

Ya de adulto, la persona desarrolla una fortaleza mayor que todas las demás, que utiliza con su estilo más seguro y firme para satisfacer su necesidad emocional predominante en la forma más consistente y predecible posible.

Hace unos años tuve el privilegio de pasar cuatro días en un ambiente de retiro en Estes Park, Colorado, con el Dr. Peter F. Drucker (el padre de la administración moderna) y con unos veinticinco presidentes, pastores principales y directores ejecutivos. Una de las muchas ideas sumamente valiosas expuestas en esa memorable experiencia fue este punto básico: Descubra lo que hace mejor... ¡y hágalo! Para muchas personas, definir la fortaleza mayor que todas las demás no resulta una tarea ni rápida ni fácil. Pero puedo asegurar que ¡vale la pena el esfuerzo!

Hay ocho categorías de fortalezas que los adultos desarrollan para satisfacer de manera consistente las necesidades emocionales predominantes. Por favor, califique los siguientes puntos en una escala de 1 a 10:

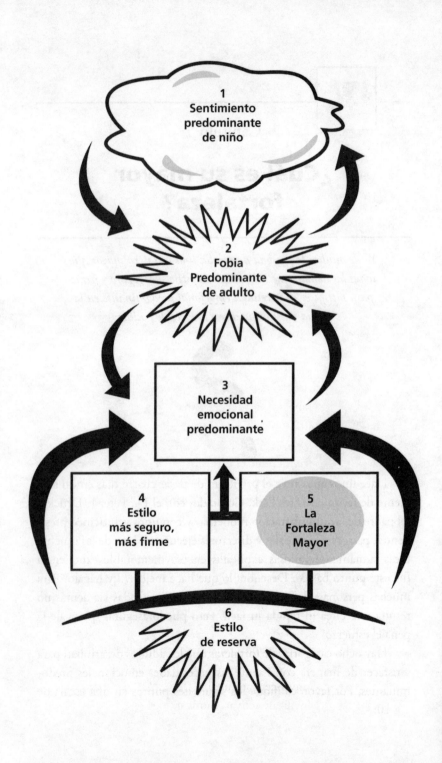

1　=　sin carga emocional para mí

10　=　con carga emocional para mí

¡Recuerde que puede introducir los cambios que prefiera!

En el área de mayor fortaleza, me desempeño al máximo cuando estoy…

1._____ *promoviendo* un proyecto.

- Esto incluye prever lo que ayudará a que un proyecto avance sin trabas en una dirección positiva y esforzarse para que el proyecto concluya con éxito.
- Hacer lo que otros no pueden o no quieren hacer; siendo el «hombre orquesta»; que llena los vacíos.
- Ayudar a que otros hagan su trabajo.
- Procurar que otros obtengan lo que desean o necesitan.
- Trabajar «entre bambalinas».
- Otro_____

2._____ *visualizando* el futuro.

- Esto incluye prever el futuro… ver nuevas opciones… soñar sueños nuevos.
- Hacer preguntas profundas.
- Ubicar el «panorama general».
- Ayudar a que otros «vean» potencial pasado por alto.
- Imaginar el futuro y sus implicaciones.
- Otro _____

3._____ *convenciendo* a personas para que hagan algo.

- Convencer; persuadir.
- Movilizar; activar; motivar.

- Vender.
- Otro _____

4. _____ *animando* a personas.

- Esto incluye ser el actor principal y conseguir que las personas observen, tomen nota o presten atención.
- Interpretar; entretener; actuar con comicidad.
- Ser el centro de atención.
- Competir en todo, desde eventos atléticos a musicales.
- Otro _____

5. _____ *rescatando* a los necesitados

- Esto incluye observar las injusticias y hacer algo al respecto, y ayudar a los que se sienten impotentes.
- Preocuparse por los que no tienen a nadie más.
- Aconsejar; escuchar; mostrar empatía a aquellos que se sienten insuficientes y desesperados.
- Servir a los más pobres de los pobres.
- Otro _____

6. _____ *controlando* una situación.

- Esto incluye conservar o restaurar el control (financiero, físico, social, militar, etc.).
- Administrar dinero, personas y/o proyectos.
- Maximizar recursos disponibles; mejorar resultados.
- Trabajar en un ambiente claramente estructurado.
- Otro _____

7._____ *especializando.*

- Esto incluye ser mejor en una cosa que el 99% de la población.
- Hacer funcional la información técnica en mi área de especialidad.
- Eliminar obstáculos en mi área de especialidad.
- Resolver lo que nadie más abordará, «lo imposible» en mi especialidad.
- Otro _____

8._____ *socializando.*

- Esto incluye ayudar a que las personas se lo pasen bien en un ambiente social.
- Aceptar, escuchar, animar, advertir y complacer socialmente.
- Asistir a reuniones y eventos sociales.
- Ser una de las partes responsables del grupo.
- Unificar todos los grupos; ser un pacificador en el grupo.
- Otro _____

De las ocho categorías, mi fortaleza mayor por encima de las demás es

1._____ *habilitar*
2._____ *visualizar*
3._____ *persuadir*
4._____ *animar*
5._____ *rescatar*
6._____ *controlar*
7._____ *especializar*
8._____ *socializar*

La forma en que describiría con mis propias palabras mi fortaleza mayor sería: «Como adulto, me siento con la máxima confianza y comodidad cuando soy _____

_____».

Todas las personas tienen fortalezas de carácter (quiénes son) y fortalezas en lograr algo (lo que hacen)

Desde hace unos cuantos años una de mis preguntas favoritas, para hacérsela a una persona que me agrada y con la que me place estar, ha sido: «¿Cuál considera que es su fortaleza mayor?». El objetivo es averiguar qué es lo que la persona se sentía más cómoda y segura de hacer.

Para sorpresa mía, al principio, pienso que la respuesta más frecuente, después de una larga pausa para pensárselo, fue algo así: «Me parece que diría mi honestidad, fidelidad, compasión, integridad o lealtad».

Entonces explicaba que hay dos clases de fortalezas: (1) fortaleza de carácter, que es lo que somos como seres humanos, y (2) fortaleza para lograr algo, que es lo que hacemos como seres humanos.

Me ha venido resultando cada vez más claro que lo que los psicólogos llaman concepto de uno mismo es tan solo una lista exhaustiva de todos los adjetivos que uno utilizaría para describirse a sí mismo, en forma tanto positiva como negativa:

- Soy disciplinado
- Soy indisciplinado
- Soy fiel
- Soy desidioso

La fortaleza para lograr algo es lo que hago mejor:

- Lo que mejor hago es convencer
- Lo que mejor hago es animar

- Lo que mejor hago es controlar situaciones
- Lo que mejor hago es socializar

El concepto que se tiene de uno mismo es una combinación de quiénes somos y qué hacemos.

¡«¿Qué es lo que hacemos mejor?» es una de las preguntas más profundas para disipar neblinas!

Comenzamos a tratar de definir lo que hacemos mejor ya en la escuela elemental o a lo largo de la secundaria. Y seguimos trabajando hasta que la encontramos. Nuestra fortaleza mayor nos proporciona una posición única de mercado o ministerio. Una parte de lo que deseamos descubrir es lo que hacemos mejor que ninguna otra persona de manera que podamos desempeñar ese papel en el equipo.

Conocer nuestra fortaleza mayor tiene mucho valor durante toda la vida de adulto. Pero poseer este conocimiento es útil en especial para quienes se están reevaluando a los cuarenta. Trabajo mucho con ejecutivos que se encuentran reevaluándose en esa fase de su vida (emocionalmente nebulosa) que se están haciendo preguntas como estas:

- ¿Tengo de verdad alguna fortaleza?
- ¿Dónde encajo en realidad?
- ¿Qué quiero hacer por el resto de mi vida?

Centren su energía en utilizar su fortaleza mayor. Centren por lo menos el 85% de su tiempo en maximizar su fortaleza, quizá el 10% en desarrollar sus áreas menos fuertes, y luego el 5% en corregir las áreas débiles.

Si sabe visualizar bien, por ejemplo, mira hacia el futuro más que otras personas. Ve opciones que otros no ven. Sueña sueños que otros no sueñan. Utilice esta fortaleza siempre que pueda. Si es dueño de un restaurante, podría utilizar su capacidad para visualizar posibles tendencias en el mercado, imaginar formas nuevas de preparar comidas y soñar con restaurantes que nadie más ha considerado.

¿Cómo puede identificar su fortaleza mayor?

Al hablar con ejecutivos acerca de su fortaleza mayor, muchos preguntan: «¿Dónde podría comenzar?».

La forma más efectiva que he encontrado para identificar la fortaleza mayor de una persona es comenzar haciendo una serie de preguntas de valoración:

- ¿Qué tengo de único?
- ¿Qué me resulta fácil y que otras personas encuentran difícil o imposible?
- ¿Qué me estimula y que otras personas encuentran amenazante o atemorizante?
- ¿Qué me parece tan fácil que pienso: «Bueno, cualquiera podría hacerlo, pero cuando miro a mi alrededor, no veo a nadie que lo haga»?
- ¿Qué es lo que hago mejor?
- ¿Cuál es la fortaleza a partir de la cual me voy desarrollando?
- ¿Cuál es la fortaleza que con más frecuencia combino con mi estilo más seguro y firme para satisfacer mi necesidad emocional predominante?

Haga una lista de las cosas que hace muy bien, y luego ponga un círculo en las diez principales. Ponga un asterisco junto a las cinco principales que parecerían las mejores candidatas para ser su fortaleza mayor. Luego identifique las tres principales y luego la número uno. Cuando por fin pueda decir: «Mi fortaleza mayor es mi capacidad para...» significa que ha encontrado una de las piezas clave del rompe-cabezas de diez mil piezas de su vida.

Reflexión íntima

Hablando con toda honestidad, es probable que en mu-chas áreas se ubique bastante por encima del promedio. Puede haber muchas áreas en las que sea más sólido que sus amigos. Pero la pregunta fundamental con la que debe enfrentarse en lo más recóndito de su corazón es: «¿Qué es lo que hago mejor?».

A menudo, las personas pueden acabar con un conjunto de tres, y dicen: «Mi fortaleza mayor es una de estas tres, pero no puedo deter-minar bien qué es en realidad lo que hago mejor». En ese caso, quizá le tome una semana o un mes conseguir una perspectiva del todo clara. Quizá quiera pedirle a un amigo cuál de esas tres hace mejor. O el amigo puede haberlo visto hacer algo excepcionalmente bien que ha pasado por alto.

Su fortaleza se puede sintetizar con una palabra poco frecuente tal como «conceptualizador» o «adivino». Siente que esta palabra es la que mejor describe su fortaleza mayor sin tomar en cuenta si alguien más haya utilizado dicho término en el mismo sentido. Si pudiera condensar con una sola palabra, común o insólita, lo que hace mejor, ¿cuál sería?

Se pueden utilizar todas las experiencias de la vida para desarrollar su fortaleza mayor

Su sentimiento predominante de niño conduce a una fobia predominante de adultos, lo que genera una necesidad emocional predominante que nunca se satisface a cabalidad. Así que, tome cada una de las experiencias de la vida para utilizarlas con el fin de desarrollar su fortaleza mayor.

Vea su infancia con ojos de adulto como generadora en usted de la fortaleza mayor que posee hoy, y agradezca esa fortaleza en lugar de resentirse por las heridas de la infancia. Este solo pensamiento con frecuencia permite que la persona cambie el resentimiento por el agradecimiento.

Por ejemplo, su infancia puede haber sido insegura, poco estable y vulnerable. Pero hoy es un gran controlador financiero de su compañía. Parte de su capacidad para controlar proviene de esa infancia insegura. Agradézcalo, pues, no por su infancia insegura, sino por la fortaleza que le produjo.

Capítulo 6

¿Cuál es su estilo de reserva?

Tiene un estilo de reserva que utiliza solo en el caso de que
la combinación del estilo más seguro y estable y
la fortaleza mayor no consigan que quede satisfecha
su necesidad emocional predominante.

Cada persona tiene una forma no tan positiva de conseguir satisfacer la necesidad predominante en el caso de que falle la combinación del estilo más seguro y estable y la fortaleza mayor. Es el estilo de reserva que, bajo presión, cruzará de vez en cuando la línea moral, ética, y a veces incluso legal, para conseguir satisfacer la necesidad emocional predominante.

Cada persona en este mundo tiene su «lado oscuro», aunque no solemos ver con tanta rapidez como otros el estilo de reserva de las personas.

El estilo de reserva a menudo combina una fortaleza con fuerza o poder o presión. En otras palabras, toma algo que es en sí mismo bueno y hace tanta fuerza o presión con ello que se vuelve un estilo de reserva manipulador, exigente, negativo.

Con frecuencia, somos renuentes a admitir, aceptar y enfrentar el hecho de que tenemos un estilo de reserva. Para aquellos de nosotros que somos perfeccionistas, admitir que tenemos un estilo de reserva significa que somos menos que perfectos. Y a nivel emocional, menos que perfecto significa: «No soy perfecto. Por tanto, no merezco que me quieran. Por esto, admitir que no soy perfecto es un paso importante».

Pero para la mayoría de las personas, solo quiere decir: «Bueno, para ser realista, así es como lo hago». Y como dijo el apóstol Pablo: «No hago el bien que quiero, sino el mal que no quiero, eso hago».

En tiempo reciente, el Dr. Joel Robertson me pidió que le contara mis pensamientos acerca de la conducta compulsiva, y lo que hice fue escribir el siguiente verso libre.

¿Por qué?

¿Por qué?

¿Por qué?

¿Por qué… hago lo que hago?

¿Por qué… no hago
        lo que no hago?

¿Por qué… sigo… haciendo…
        lo que no deseo hacer?

¿Por qué… dejo de hacer
        lo que me he propuesto con tanta firmeza hacer
        cuando me he fijado metas?

¿Por qué… como adulto

encuentro

tan difícil

admitir mis necesidades

y la inseguridad

de mi infancia?

¿Por qué… me sorprende

cuando el destello de la luz del cerebro

llamado

discernimiento

me permite ver la conexión

entre

pasado… presente… futuro?

¿Por qué… es tan difícil permitir que el mundo

vea el yo que ven mis amigos

o

mis amigos vean el yo que yo veo?

¿Por qué?

Hay ocho estilos de reservas que los adultos utilizan con frecuencia. Califique los puntos siguientes en una escala de 1 a 10:

1   =   sin carga emocional para mí

10   =   con carga emocional para mí

¡Recuerde que puede introducir todos los cambios que quiera!

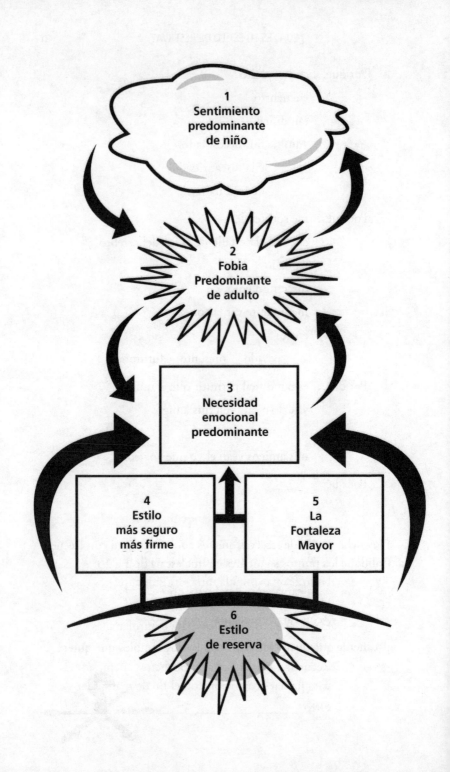

Cuando me siento amenazado, me avergüenza admitirlo, pero alguna vez recurro a... (Recuerde, en cuanto a esto, que está admitiendo esto solo para si mismo. ¡Sea muy sincero consigo mismo!)

1. _____ *perfeccionismo.*

- Esto incluye tratar de desempeñarse en forma perfecta para sentir que merezco que me quieran
- Llegar a preocuparme o deprimirme ante mi propio fracaso; negarse a perdonarse
- Hacer más de lo necesario (110% cuando lo que se necesita o desea es un 80%)
- Eliminar todo lo «gris» que se pueda; usar solo respuestas en «blanco y negro»
- Ver a las personas o situaciones como todas buenas o todas malas
- Tratar incluso con más intensidad hacerlo «bien»
- Utilizar demasiado la culpa para controlar a las personas
- Otro _____

2. _____ *manipulación* mental de las personas.

- Eso incluye intimidar emocional o intelectualmente y ser más astutos que los demás
- Pretender tener problemas de salud, hipocondria
- Utilizar una «mirada dura» intimidante
- Hacer comentarios hirientes «sutiles»
- Hacer «juegos mentales» para controlar a las personas
- Recurrir a silencios, hacer pucheros, «depresiones» para llamar la atención con el fin de manipular
- Otro _____

3. _____ *buscar atajos.*

- Esto incluye dejar de lado sistemas, estructuras y normas para llegar a donde quiero llegar.
- Engañar a la oficina de impuestos, a la compañía y a los amigos
- Competir con iguales para conseguir la atención del líder del equipo
- Encontrar atajos para lograr éxito; hacer caso omiso de las normas
- Mentir-exagerar, ocultar o modificar la verdad
- Robar ideas, estímulos o dinero
- Otro _____

4. _____ *conducta extrema.*

- Esto incluye exigir atención con acciones o aspecto
- Ser el exhibicionista, el «payaso» de una reunión
- Llevar ropa ostentosa, llamativa y estrafalaria de ser necesario para llamar la atención
- Enfrentar; intimidar emocional y/o verbalmente
- Otro _____

5. _____ *adicción al trabajo.*

- Esto incluye trabajar con más intensidad y más horas… ocultándose emocionalmente en el trabajo cuando es más seguro
- Convertirse en un «robot» con una lista de comprobación
- Sacrificar el resto de la vida al trabajo

- Trabajar más; ahondar más; ser más fuerte
- Otro _____

6. _____ *control excesivo.*

- Esto incluye insistir en que las personas cumplan las reglas… volviéndose rígido y exigente… obligar a las personas
- Discutir hasta que salgo con la mía; ¡mantenerme firme!
- Ser físicamente agresivo o intimidante; amedrentar; pelear
- Competir para ganar «a toda costa»
- Tener una actitud violentamente independiente. ¡Puedo conseguirlo!
- Comer en exceso; cuando mi mundo se sale de mi control, controlo lo que como; cuando me siento inseguro, comer me hace sentir seguro
- Negociar en exceso
- ¡Apoderarse!
- Usar la intimidación o fuerza física, caso de que se necesite, para que las personas se sometan
- Otro _____

7. _____ *apartarse o evitar situaciones* que veo como intimidantes.

- Aceptar ser segundón cuando deseo ser el primero
- Aumentar el volumen de la música para olvidar la realidad por un tiempo
- Refugiarme en una «marginación depresiva»

- Refugiarme en el abuso de drogas
- Refugiarme en deportes
- Dimitir; retirarme del todo
- Aceptar menos; reducir el estilo de vida
- Retraerse; retroceder; distanciarse
- Otro _____

8. _____ *apartarme de las personas* antes de que me puedan rechazar

- Romper relaciones; apartar a personas
- Disminuir en mi mente la importancia de la persona
- Ir a otro grupo; no mirar nunca atrás
- Polarizar al grupo: «nosotros contra ellos»
- Levantar muros altos y gruesos para marginar a personas
- Otro _____

De los ocho estilos de reserva más comunes, al que más recurro es al

1. _____ perfeccionismo.

2. _____ manipulación mental de personas.

3. _____ usar atajos.

4. _____ comportamiento extremo.

5. _____ adicción al trabajo.

6. _____ control excesivo.

7. _____ apartarme de situaciones.

8. _____ apartarme de personas.

La forma en que describiría con mis propias palabras mi estilo de reserva sería:

«Como adulto, el estilo de reserva al que recurro bajo presión es

_____

_____

_____

_____».

Nota

No hay ningún inconveniente en regresar a los capítulos del 1 al 6 para cambiar cualquiera de las respuestas dadas a medida que se va viendo con mayor claridad cuál fue en su infancia el hecho significativo en lo emocional. A menudo, lo que en un primer momento parecía calificar con un 10 de carga emocional resulta ser un 3 o un 4. Y lo que en un principio parecía clasificarse como un 2 se convierte en un 10+. Cambie todo lo que quiera cuantas veces quiera.

Gran parte del comportamiento negativo es de hecho un estilo de reserva

Siempre que vemos a alguien que se comporta con alguna forma de negativismo, lo más probable es que esté tratando de satisfacer la necesidad emocional predominante. Algunas personas no cuentan con lo que consideran un estilo seguro y estable o una fortaleza mayor, por lo que comienzan todas las relaciones utilizando su estilo de reserva.

Un amigo que pasó tiempo en prisión me habló de un corpulento recluso que se le acercó el día en que mi amigo ingresó. Las primeras palabras que le dirigió el recluso no fueron: «Hola, ni nombre es Joe. ¿Puedo ayudar de alguna forma para que te ambientes?» (líder y visualizador). Fueron: «Oye, llevas puesta mi camisa. ¡Devuélveme mi camisa!» (manipulador e intimidador). El recluso que pedía la camisa no tenía confianza en sus capacidades de liderazgo o visualización, de manera que comenzó la conversación con su estilo de reserva.

Luego está la madre que me contó que su hija de quince años lleva un peinado de estilo Mohawk azul brillante de unos cuarenta centímetros. La adolescente desea desesperadamente que se fijen en ella. Pero en lugar de tratar de conseguirlo en formas más convencionales, comenzó con ese comportamiento extremo. Exigía la atención de todos los demás, incluso de los que la conocían por primera vez.

Comprender que se están usando estilos de reservas desde luego no equivale a excusar un comportamiento negativo, aunque sí explica gran parte del mismo. Sin una fortaleza mayor clara y sin un estilo seguro y estable claro, a la persona no le queda más que depender por completo de un estilo de reserva, que suele destruir relaciones, y conduce a que utilice el estilo de reserva con más prontitud en la siguiente situación amenazante.

El empleo de la fortaleza mayor llevado a un extremo a menudo se convierte en perfeccionismo negativo y contraproducente

Perfeccionismo

Muchos de nosotros hemos crecido en hogares o escuelas basadas en amor, aceptación y alabanza condicionales. Lo que sucede con demasiada frecuencia es que un padre o maestro comunica al niño, en esencia: «Si te comportas en un nivel más alto, te daré más amor». El niño, como es una «esponja para el amor», se convierte en alguien al que mueve el deseo de cumplir bien. La palabra cumplimiento para un perfeccionista es una de esas palabras con una extraordinaria carga emocional, lo mismo que merecedor.

El niño concluye: «Si nunca puedo agradar a mis padres, no me siento merecedor de su amor. Por tanto, si no soy perfecto, ¡no merezco que nadie me ame!». El perfeccionista a menudo vive también en su sistema emocional la experiencia de un sentimiento de que las cosas son todas buenas o todas malas. El perfeccionista encuentra casi imposible admitir el fracaso porque: «Si fallo, soy un fracaso completo. Soy todo bueno o todo malo, todo acertado o todo equivocado. No hay términos medios».

La incapacidad de admitir el fracaso o de que, por encima de todo se busca ser aceptado genera una pauta de perfeccionismo. No es solo que uno quiere hacer un trabajo de calidad o tener altos estándares.

La diferencia entre tener altos estándares y ser un perfeccionista es que este siente: «Si no lo hago perfecto, no merezco que me quieran». Una persona con altos estándares dice: «Me gusta hacerlo bien para que así me alaben y reciba reconocimiento y aprecio, pero si no, si no es perfecto, sigo mereciendo que me quieran por ser yo».

Al perfeccionista lo mueve hacer las cosas perfectas incluso cuando no se requiere. El perfeccionismo se ha convertido en un estilo de reserva.

Trabajo

Muchas personas enumeran trabajar duro como un estilo más seguro y estable. Pero la adicción al trabajo es refugiarse en forma contraproducente en el trabajo para aislarse de otras áreas de la vida. Los adictos al trabajo logran satisfacer en el mismo un porcentaje más elevado de sus necesidades emocionales predominantes que lo que consiguen en la casa o en cualquier otro lugar. Por esto se quedan tanto tiempo en el trabajo.

Los adictos al trabajo suelen sentirse menos incómodos en el trabajo. Muchas personas se sienten incómodas en la vida. No saben qué decir; no saben cómo decirlo; no saben muy bien qué hacer ni cómo hacerlo. Pero en el trabajo, hay normas muy precisas y pueden acomodarse a ellas, y los colegas en el trabajo satisfacen la necesidad emocional predominante de respeto, aprecio, etc.

Lo usual es utilizar nuestro estilo de reserva con más rapidez y llegar a extremos más peligrosos para seguir logrando satisfacción de nuestras necesidades que lo que haríamos para lograr satisfacer al principio nuestras necesidades

Los programas informativos a menudo nos cuentan de un marido celoso que ha matado al amante de su esposa. La esposa ha satisfecho por varios años la necesidad de amor que tiene el marido. Pero cuando él descubre lo del amante, teme que su esposa ya no satisfará su necesidad de amor.

En la mayor parte de los casos, el marido nunca pensaría matar a los otros hombres con los que su esposa hubiera salido antes de casarse con él. Todavía no estaba satisfaciendo su necesidad de amor (o intimidad), de manera que no existía ninguna amenaza. Pero después de casarse y de lograr satisfacción de su necesidad de amor, de hecho estaría dispuesto a matar para seguir teniendo satisfecha su necesidad.

O pensemos en el ejemplo de una persona que nunca mentiría para conseguir un puesto pero que, una vez conseguido, mentiría para conservarlo. Imaginemos que su necesidad emocional predominante está siendo satisfecha por completo, o por lo menos en forma regular, y que luego se presenta alguien que amenaza destruir lo que le satisface, o a quien satisface su necesidad emocional predominante.

¿Cuál sería su respuesta instintiva? Los seres humanos llegarían a los extremos más peligrosos para asegurarse de que sus necesidades siguen siendo satisfechas, que para conseguir en un principio que la necesidad emocional predominante sea satisfecha.

Todas las personas recurren al estilo de reserva cuando se sienten amenazadas

Algunas personas son tan frágiles que ven amenazas en todo. La mayor parte de las personas conoce a alguien que en su yo personal es como un niño de tres años con poco desarrollo emocional. Esta persona puede tener una imagen pública que dé la impresión de que posee un gran equilibrio, pero la persona sabe que dentro de ello es como un niño pequeño.

Esas personas son sumamente frágiles. Es difícil relacionarse con ellas porque responden en forma brusca, crispada. Son inflexibles.

Mientras más sólidos son el estilo más seguro y estable y la fortaleza mayor, tanto menor es la necesidad de utilizar el estilo de reserva.

Pensemos en la persona que tiene un estilo bien desarrollado de relacionarse con personas necesitadas y cuya fortaleza consiste en rescatar a los que han sufrido alguna injusticia. Lo usual es que la necesidad que tiene la persona de que se la aprecie se satisfaga sin que tenga que recurrir a ser adicto al trabajo.

Esta persona es como un caparazón de cerámica de seis metros y de dos centímetros de grosor

Un amigo al que llamaré Tom se sentía incapaz de niño, y de adulto es un rescatador de personas. Es el director de una misión de rescate y recibe muchas muestras de aprecio por parte de las personas a las que ayuda.

Tom no necesita para nada ser adicto al trabajo. Sin embargo, cuando no recibe muestras de aprecio en el hogar, se queda hasta tarde en el trabajo y comienza a convertirse en adicto al trabajo.

Todos entendemos que nuestro comportamiento pasa a adoptar un estilo de reserva auto-protector si alguien amenazara matarnos.

También optamos por estilos de reserva cuando nos sentimos amenazados en lo emocional. Lo que nos amenaza en lo emocional es el sentimiento de que alguien va a hacer algo que hará que quede insatisfecha nuestra necesidad emocional predominante.

Cuando nos sentimos amenazados, desaparece la idea de procesar algo, de dejar pasar veinticuatro horas o llamar a un amigo. Es tan intenso el deseo de conseguir que quede satisfecha la necesidad o de que la amenaza desaparezca, que actuamos de forma instintiva.

Por esto es una buena idea permanecer lo más lejos posible de la necesidad extrema de irse al desierto por unos cuatro días sin agua, por así decirlo. Por extraño que parezca, no dudaremos en robar un libro de inmediato para sobrevivir emocionalmente, como lo haríamos para sobrevivir físicamente. Ese es el estilo de reserva.

Incluso el que sirve tiene un estilo de reserva

Servir a menudo es el estilo más seguro y estable de una persona. Pero darlo por sentado conduce a una respuesta del estilo de reserva, debido a la necesidad de que quede satisfecha la necesidad emocional predominante. Es una pauta que hemos visto una y otra vez.

Punto básico:
Si una persona, en forma espontánea, nos presenta el estilo más seguro y estable pero no satisfacemos la necesidad emocional de la misma, esperamos que en algún momento aparezca el estilo de reserva.

El niño que necesita que se lo tome en cuenta molestará algo en la clase, levantando a menudo la mano, hablando demasiado, haciendo pequeños ruidos o respondiendo sin permiso. Si no le hace caso y le dice a la clase que no le hagan caso, puede estar seguro de que va a ver un comportamiento cada vez más extremo.

Cuando un cónyuge o amigo cercano utiliza un estilo de reserva, hay que buscar formas creativas nuevas para satisfacer la necesidad emocional predominante con el fin de disminuir la amenaza que se siente

La combinación de estilos de reservas de cónyuges y amigos cercanos es decisiva para determinar cómo resolverán sus conflictos. Si uno es siempre agresivo y otro siempre se retrae, ¿adivine qué sucede cuando comienzan las discusiones?

Si el comportamiento es extremo, tratemos de reconocer y prestar atención al compañero, y disminuirá el comportamiento extremo. Por ejemplo, si su compañera es perfeccionista y un día concreto parece que va a llegar a extremos, dígale cuánto la ama.

Según Steve Arterburn:

> *«La consejería matrimonial a menudo es un proceso para lograr que dos personas dejen de utilizar sus estilos de reservas y comiencen a emplear sus fortalezas. También centra a cada miembro de la pareja en las necesidades del otro. Cuando estas necesidades se satisfacen, disminuye la necesidad de utilizar el estilo de reserva».*

Reflexión íntima

¿Cómo actúa o reacciona cuando su necesidad emocional predominante no está siendo satisfecha o existe la amenaza de que su necesidad emocional predominante dejará de ser satisfecha?

En un momento de sinceridad total consigo mismo, pregúntese: «¿Cómo describiría mi estilo de reserva?».

Capítulo 7

Acomodar todas las piezas del rompecabezas

Aplicar los diez pasos siguientes tomará algún tiempo. Relájese y disfrute del proceso de resolver el rompecabezas.

La realidad es que no puede equivocarse. Limítese a trabajar en ello, y ¡más tarde o más temprano concluirá y le resultará claro! Recuerde que está tratando de identificar las piezas con carga emocional de su vida. En resumen, está tratando de sintetizar su «patrón por qué».

> *1. Complete el gráfico «Por qué hace lo que hace» (páginas 108-109) con números tomados de las páginas correspondientes.*

Utilice un lápiz. Es aceptable cambiar de manera de pensar.

- Columna A: «Sentimiento predominante en la infancia»: ver páginas 21-26.

- Columna B: «Fobia predominante ya de adulto»: ver páginas 39-44.

- Columna C: «Necesidad emocional predominante»: ver páginas 51-56.

- Columna D: «Estilo más seguro y estable»:
  ver páginas 67-73.

- Columna E: «Fortaleza mayor»:
  ver páginas 79-84

- Columna F: «Estilo de reserva»:
  ver páginas 91-97.

2. *Sume los números a través de cada una de las ocho franjas para obtener la cifra total de puntos por franja.*

Cuanto más alta es la cifra total, tanto más importante es esa franja para su «patrón por qué».

45-60 puntos: Sumamente importante

Esta franja en su patrón emocional-motivador afecta de alguna manera casi toda su conducta de adulto. Es una fuente importante de su empeño.

30-44 puntos: Importante

Esta franja en su «patrón por qué» afecta una buena parte de su comportamiento como adulto pero no es probable que sea su fuente principal de empeño.

0-29 puntos: Relativamente poco importante

A no ser que en esta franja haya una casilla con un 8, 9 ó 10, puede no tomarlo en cuenta de momento. La franja de vez en cuando afecta su comportamiento pero no suele ser en forma importante.

Notas

Este sistema de clasificación no es un método 100% científico. El empleo del sistema de clasificación le brinda una manera objetiva de comunicar o sopesar sus sentimientos subjetivos. En esencia, es una forma que tiene de «tomarse el pulso» para que pueda ver con cuánta intensidad se siente respecto a ciertas palabras o expresiones.

Es fácil engañar a este sistema. Pero mi suposición es que su punto focal es llegar a entender a fondo su propio yo. Sea sincero consigo mismo.

3. *Identifique las tres franjas principales (los tres números más altos).*

¿Cuál es la franja número 1? Es probable que esta esté influyendo ahora más que ninguna otra en su comportamiento de adulto.

Cuando reflexiona en ello ¿siente que la franja número 1 «de acuerdo con los números» es la más fuerte para usted en el nivel emocional? Debería ser así. De no serlo, ¿qué franja lo es? ¡Puede modificar si quiere!

Si posee dos franjas que tienen más o menos la misma cantidad de puntos totales, piense en ambas franjas por un período de una semana. Vuelva a asignarles un número y vea si ahora una tiene una cantidad mayor de puntos. Si las dos franjas siguen teniendo casi la misma cantidad de puntos, tranquilícese y asuma que tiene dos necesidades principales y en diferentes momentos de su vida tendrá dos temores, dos necesidades, dos estilos, dos fortalezas y dos estilos de reservas.

4. *Identifique en el gráfico sus tres casillas con más carga emocional (hay un total de 48 casillas, ocho en cada columna y 6 en cada fila).*

Ponga un círculo en la casilla del gráfico que siente que es la más importante para usted. Esta casilla es vital para entender por qué hace lo que hace.

	SENTIMIENTOS PREDOMINANTES EN LA INFANCIA	FOBIA PREDOMINANTE DE ADULTO	NECESIDAD EMOCIONAL PREDOMINANTE
1	Amado con condiciones o no amado ❏	Rechazo (personal) ❏	Amado sin condiciones ❏
2	Destinado, bendecido, especial ❏	Insignificancia ❏	Significativo (marca una diferencia) ❏
3	Favorecido (por adultos por encima de iguales) ❏	Fracaso (pérdida de posición de favor) ❏	Admirado (como «héroe» de grupo) ❏
4	Ignorado (emocionalmente) ❏	Invisibilidad ❏	Reconocido ❏
5	Inepto (para satisfacer expectativas) ❏	Fracaso (desempeño inadecuado) ❏	Valorado ❏
6	Inseguro ❏	Dependencia Abandonado ❏	Seguro ❏
7	Intimidado (por otra persona) ❏	Fracaso (en llegar a ser un adulto) ❏	Respetado ❏
8	Inaceptable (socialmente) ❏	Rechazo (social) ❏	Aceptado por quien soy en realidad ❏

	ESTILO MÁS SEGURO Y ESTABLE	FORTALEZA MAYOR	ESTILO DE RESERVA
1	Habilitador ❏	Facilitar ❏	Perfeccionismo ❏
2	Líder ❏	Visualizar ❏	Manipular la mente de personas ❏
3	Promotor ❏	Persuadir, Vender ❏	Usar atajos ❏
4	Entretenedor ❏	Entretener ❏	Comportamiento extremo ❏
5	Rescatador (necesitado) ❏	Rescatar ❏	Adicción al trabajo, se oculta en el trabajo ❏
6	Controlador ❏	Controlar ❏	Controlar en exceso, intimidar ❏
7	Especialista ❏	Especializar ❏	Retraerse Crear situaciones ❏
8	Complaciente ❏	Socializar ❏	Retraerse de las personas (antes de que me rechacen) ❏

5. *Céntrese en las casillas con puntaje bajo (menos de 5) en sus tres franjas principales.*

Cada una de las casillas en su franja número uno deberían tener una clasificación bastante alta. Quizá quiera repensar cualquier casilla con una clasificación baja para clasificarla de nuevo si ahora parece más alta que lo que sintió en un principio. Si no hace falta cambiar el puntaje, déjelo como está.

6. *Fíjese en casillas aisladas con puntaje alto (8 o más) que no son parte de una de sus tres franjas principales.*

Cualquier casilla con un puntaje alto podría sugerir una nueva franja importante, o podría tan solo ser una casilla aislada. Pondere las posibilidades. Cada franja es un patrón que explica por qué hace lo que hace. La franja número uno explica el patrón perfeccionista, la franja número cinco explica el patrón de adicción al trabajo, y así sucesivamente.

Ahora debería sentirse muy seguro de sus tres «patrones por qué» principales. Deberían quedar muy pocas dudas en su cabeza acerca de las relaciones lógicas de su «patrón por qué». Si le quedara alguna pregunta, convendría que la dejara descansar por uno o dos días para regresar luego a sus reflexiones con una mente fresca.

¡Ahora sabe en forma lógica por qué hace lo que hace!

7. *Complete el siguiente sumario.*

La siguiente es una mirada lógica a cómo funciona mi «patrón por qué».

De niño, el sentimiento predominante que experimentaba era _____
_____ (ver página 26)

Como consecuencia de ello, como adulto tengo una fobia predominante de _____

_____

(ver página 44)

Para asegurarme de que mi fobia no es real, tengo una necesidad emocional predominante de ser

_____

(ver página 56)

Para que quede satisfecha mi necesidad emocional, el estilo más seguro y estable que conozco de relacionarme con la vida es como _____

_____

(ver página 72)

Un porcentaje sumamente alto de por qué hago lo que hago es asegurarme de que quede satisfecha mi necesidad emocional predominante. Y cuando esta necesidad no se satisface, me vuelvo vulnerable de manera progresiva ante cualquiera que se ofrezca a satisfacer dicha necesidad.

También me he esforzado en desarrollar una fortaleza mayor. Me desenvuelvo mejor cuando soy _____

_____

(ver página 84)

Combino mi estilo más seguro y estable y mi fortaleza mayor como la forma más predecible y confiable de que se satisfaga mi necesidad emocional predominante en la forma más consistente posible. Cuando esta combinación fracasa en conseguir que quede satisfecha mi necesidad emocional predominante, también he desarrollado un estilo de reserva en el que recurro a_____

_____

(ver página 97)

8. *Recuerde la lógica básica del «patrón por qué». En la edad adulta suele*

> utilizar su fortaleza mayor…
> en combinación con su estilo más seguro y estable…
> para garantizar que su necesidad emocional predominante quedará satisfecha…
> por un tiempo tranquilizándolo de que su fobia predominante como adulto no es real…
> y que sus sentimientos predominantes de la infancia están bajo control.

Si lo anterior falla, recurre a su estilo de reserva ¡para tratar de insistir en el tema!

9. *Tómese algún tiempo para pensar en sus misterios emocionales.*

Debería ver ya por qué ha hecho o no hecho muchas cosas en el pasado. ¡Misterios resueltos!

Para identificar su «patrón por qué» utilizando el gráfico «Por qué hace lo que hace», las casillas más fáciles para comenzar serán con toda probabilidad sus sentimientos predominantes de la infancia, su fobia predominante como adulto y su necesidad emocional predominante.

Sin embargo, es diferente trabajar con el gráfico para descubrir qué necesitan de usted sus amigos y familia. La forma más rápida de determinar el «patrón por qué» de otra persona es identificar el estilo más seguro y estable, la fortaleza mayor y el estilo de reserva. Una vez que resulten claros estos tres, resulta fácil imaginar la necesidad emocional predominante que debería tratar de satisfacer.

10. *Lea el capítulo 8 teniendo en mente su «patrón por qué».*

Comience a sentir que van sanando algunos de las heridas en la historia de su vida.

Capítulo 8

Sanar las heridas del pasado

Lo usual es que comprender cómo funciona su sistema emocional y cómo encajan las piezas de su rompecabezas emocional marque una diferencia muy grande en su capacidad para solucionar el pasado y capitalizar a partir de sus fortalezas. Estas son diez formas bien concretas de sanar sus heridas del pasado.

Comience con cualquiera de las secciones que le parezcan más atractivas. No se requiere ningún orden en esta lista de diez, excepto con la primera de todas.

1. Comience con sus padres

Los padres son con mucho la fuente más común de dolor emocional que he visto en los veinte años pasados. Si necesita sanar unas cuantas heridas con sus padres, los siguientes pasos concretos han demostrado ser muy prácticos y útiles para mis clientes y para mí personalmente.

Pasos prácticos para sanar las heridas de la infancia con sus padres

Al pensar en sus padres, diríjase a ellos por su nombre, no *Mamá* o *Papá*. Los puede ver más como de adulto-a-adulto que como de un niño emocionalmente necesitado a padres perfectos. Logra tener una visión más adulta de su infancia.

Advertencia: no comience a dirigirse a sus padres por su nombre cuando esté con ellos. No hablo de esto. Pero cuando piense a solas tratando de solucionar su relación, esta sencilla técnica acomoda las expectativas de una «madre ideal» y de un «padre ideal» aprendidas en las tarjetas de felicitación, y de las celebraciones del Día de las Madres y del Día de los Padres. Hay que recordar que los padres fueron solo personas imperfectas que trataron de hacer lo mejor que supieron, lo cual en algunos casos no siempre fue demasiado satisfactorio.

Dirigirse a sus padres mentalmente por sus nombres de pila con frecuencia elimina algo del escozor emocional de los recuerdos negativos de la infancia. Al comprender a sus padres más como seres humanos imperfectos de carne y hueso, quizá vea su infancia a una luz muy diferente.

Analice a sus abuelos. Tras un cuidadoso examen, puede percibir que sus padres fueron víctimas de los hogares de sus abuelos. Hicieron lo mejor que supieron criándolo, pero debido a su educación, quizá han sido de hecho niños criando a un niño y no se pudo haber esperado que lo hicieran a la perfección la primera vez que lo intentaron.

Por esta razón, puede ser provechoso estudiar a sus abuelos.

Estudie la relación entre su madre y su padre y sus abuelos. Hable con sus abuelos, sus padres, sus tías y tíos acerca de su infancia.

Pregunte a los hermanos y hermanas de su padre, si fuera posible, para que le hablen acerca de cómo fue su crecimiento, cómo era, lo que vieron, lo que vivieron, cómo fue su relación con él. Y haga lo mismo con el lado de la familia de su madre.

Entender a sus padres de esta manera le dará una perspectiva muy diferente.

Determine en su mente las edades emocionales de sus padres. Pregúntese: «En función de sanar el pasado, ¿qué edad tienen mamá y papá en lo emocional? ¿A qué edad tuvieron uno de ellos o ambos un trauma?». ¿Es posible que a la edad de seis años estuviera más adelantado que su madre o su padre a la misma edad?

Si sus padres, a la edad de cuatro, cinco o seis años vivieron algún trauma que puso un impedimento al desarrollo de sus vidas, es posible que para cuando estaba en el primer año de secundaria, ya fuera más maduro que sus padres en lo emocional. Estaban tratando de formarlo como padres cuando en realidad pueden haber sido «niños emocionales». (Si piensa que sus padres pueden haber sido niños emocionales, vea la historia en el Apéndice 1:16 «Suposición peligrosa 2»).

Si sus padres siguen siendo niños emocionales debido a un trauma sufrido en sus primeros años, entenderlo puede muy bien solucionar casi en forma instantánea gran parte del dolor en su pasado.

Suponga que es más fuerte que sus padres en lo emocional. Cuantas veces nos encontramos con una persona hacemos una valoración instantánea de quién es emocionalmente más fuerte en ese instante concreto de tiempo. Así lo hacemos con nuestros compañeros, nuestras citas, nuestros amigos y con nuestros padres.

Por ejemplo, supongamos por un minuto que su hijo haya regresado de la escuela y le haya dicho: «¿Podemos hablar un momento?». Puede responder: «Ahora no. He tenido un día muy malo, y estoy hablando por teléfono». Acaba de determinar que sus necesidades son mayores en ese momento que las de su hijo.

Pero cambiemos la escena. Supongamos que está en la misma situación de presión cuando su hijo llega a la puerta sollozando. Sus amigos lo acaban de insultar y lo expulsaron del club. Siente que sus necesidades en ese momento son mayores que las suyas. Se despide del interlocutor y cuelga el teléfono.

Los padres y los hijos tienen sensores que les dicen quién tiene las mayores necesidades en un momento dado. Si sentimos que los otros son más fuertes, confiamos en su fortaleza. Si sentimos que nosotros somos más fuertes, dejamos que confíen en nuestra fortaleza.

Ahora bien, piense por un minuto en sus padres. Lo más usual es que el niño llegue a casa asumiendo que sus padres son emocionalmente más fuertes. Los hijos adultos a menudo llegan a «casa» como hijos necesitados, esperando que sus padres satisfagan sus necesidades de amor, aprecio y/o seguridad. Rara vez caen en la cuenta de que en ese mismo momento sus padres pueden necesitar todavía más el consuelo del hijo.

Tome la iniciativa en lo emocional con sus padres. Un peligro de entender bien su «patrón por qué» personal es esperar en forma pasiva que otras personas (como sus padres) satisfagan su necesidad emocional predominante precisamente porque ahora está conciente de la misma.

¿Me permite sugerir que convierta en un juego el satisfacer las necesidades de sus padres? Busque señales de lo que necesitan de usted y tome la iniciativa.

Vaya al gráfico del capítulo 7 «Por qué hace lo que hace», y examine la columna «Estilo más seguro y estable». Sobre la base de un estilo de observación, ¿cuál diría que es la necesidad emocional predominante de cada uno de sus padres? Trate de satisfacer por un cierto tiempo estas necesidades de sus padres y vea cómo responden.

Advertencia: Quizá crea que ha resuelto por completo su relación menos que ideal con sus padres al entender en forma lógica sus «patrones por qué». Pero cuando de hecho se encuentra con sus padres, todas esas antiguas emociones negativas pueden reaparecer en un instante debido a una palabra, una expresión o una mirada. No se desanimen. ¡Relájese y solo siga avanzando!

Reflexión íntima

¿Puede imaginar la diferencia que marcaría en su relación con sus padres si de hecho aplicara estas sugerencias? ¡Quizá también desee hacer una lista y darles las gracias por todo lo que hicieron, o incluso trataron de hacer, bien en su infancia!

---

2. Mantenga un enfoque positivo en cuanto a su pasado

Casi todos los niños tuvieron su parte de «golpes duros». Algunos tuvieron mucho más que su parte. El punto es que puede resultar útil centrarse en las partes buenas de su infancia, sean cuales fueren y por pequeñas que hayan sido.

¡Construya a partir de lo que fue positivo, y no solo de lo que fue negativo y dañino!

Si no le resulta demasiado forzado, trate de ver que incluso al progenitor hacia el que se siente menos inclinado, hacia el que siente más amargura, por el que se preocupa más o con el que se siente más frustrado, es probable que hiciera o tratara de hacer algo bien en su época de niño.

Haga una lista de las cosas que sus padres hicieron bien, las fortalezas que tenían y lo que trataron de hacer bien. Lo que hicieron bien puede ser algo tan simple como prepararle la comida, comprarle los alimentos, lavarle la ropa, hacerle la cama o hacerlo ir a la escuela. Tenga presentes estos aspectos positivos como contraparte a las heridas que siente que todavía deben sanarse.

Mantener una perspectiva positiva puede no sanar el pasado, pero cuando menos proporciona una perspectiva adicional que permite que pueda comenzar a producirse la curación.

¿Qué trataron de hacer bien sus padres?

Mi primo, Denny Batterbee, es psicólogo y ayuda a los adolescentes «con riesgo». Tiene mucho éxito en mantener en la escuela secundaria a adolescentes en problemas. Les enseña los principios siguientes acerca del proceso de curación y de mantener un enfoque positivo respecto al futuro:

1. Sin importar la situación, tenemos el control de nuestro futuro; no somos víctimas impotentes.

2. Es importante mantenerse centrados en el cuadro visual de a dónde les gustaría llegar en la vida y qué les gustaría llegar a ser.

3. Asumir la responsabilidad por las acciones propias y aprender de los errores del pasado son fundamentales para tomar el control de la propia vida.

4. No depender de otros para ser felices. La verdadera paz proviene de Dios y de las capacidades que nos ha dado para superar cualquier situación.

5. Los errores en la vida no significan fracasos. Lo que es importante es lo que se aprende de dichas experiencias.

6. Cuando se presentan problemas, véanlos como retos, como experiencia de aprendizaje y como oportunidad para ideas nuevas e innovadoras que deben utilizarse.

7. La expresión «no se puede» no está en el diccionario, lo cual nos deja con el desafío de que todas las cosas son posibles.

8. Una clave del éxito es tomar conciencia de que siempre hay espacio para crecer.

9. El disfrute del hoy puede tener que sacrificarse para llegar a un futuro mejor.

10. A menudo se puede ver que la depresión provino de la falta de acción, lo cual significa haberse apartado de algo que debió decirse o hacerse.

Aunque estos principios se suelen utilizar con adolescentes con problemas, son excelentes recordatorios para que también los adultos mantengamos una actitud positiva en nuestra perspectiva del futuro.

3. Reencuadrar su historia

Piense en sustituir pensamientos como este que brotan del corazón de un niño. «*Papá no paraba de trabajar… no me hacía caso… no me quería*» con una reformulación adulta: «*En realidad mi papá me quería. Solo era un flemático que no sabía decir: "Te quiero", aunque nos mantenía, como lo había hecho su padre y su abuelo antes que él. Oh, sí, en realidad me quería, aunque nunca supo llegar a decir las palabras "¡Te quiero!"*».

Si le hubiera preguntado a su padre: «¿De qué manera les expresa a sus hijos que los ama?», él podía haber respondido: «Los mantengo». Y si entonces le hubiera preguntado: «¿Quiere decir que cada vez que les compraba algo estaba tratando de decir "Te quiero"?», él podía haber respondido: «Claro que sí. ¿De qué otra forma lo hubiera dicho? Yo freno mi sensibilidad».

Pudo haberlo querido de verdad, aunque nunca haya dicho «Te quiero». Esto es reformular el pasado. No es cambiarlo, sino solo verlo más a través de los ojos de un adulto.

Replantear algunos de los recuerdos del pasado puede sanar al niño emocional que se sintió dejado de lado y no querido pero al que en realidad lo quería mucho un padre o padres que frenaban su sensibilidad.

A veces necesitamos poner palabras en las bocas de los padres para luego confirmar nuestras suposiciones. «¿Es así como te sientes, papá?». Esta técnica sigue siendo replanteamiento. Les he dicho a muchos ejecutivos: «Miren, su padre no tuvo la capacidad de decir lo que ustedes en el pasado querían que les dijera, y sigue sin tenerla. Pero es probable que le guste decirles cómo se siente. Por ello, me gustaría animarlos a que pongan por escrito cómo piensan o esperan que sienta, para luego entregárselo y pedirle que lo lea. Digan: "Papá, pienso que así es cómo te sentías respecto a mí. ¿No es cierto?"».

Por ejemplo, alguien podría decir: «Creo que pensabas que dándonos lo que necesitábamos, estabas diciendo: "Te quiero", y creo que incluso pensaste que alguna vez me dijiste que me querías. No lo recuerdo, pero creo que es probable que lo hicieras. Así que asumo que alguna que otra vez me dijiste que me querías, aunque no lo recuerde. Y que al darme lo que necesitaba, estabas diciendo que me querías, te preocupabas por mí y deseabas que me fuera bien en la vida».

O alguien podría decir: «Supongo que cuando me veías jugar a béisbol, aunque te dabas cuenta de que no lo hacía muy bien y que podía mejorar, te sentías orgulloso de mí cuando bateaba un sencillo o sacaba a alguien. Aunque permanecías sentado en la gradería y nunca aplaudías ni vitoreabas, creía que en tu corazón te sentías orgulloso de mí porque, si no, no hubieras venido al juego».

Escríbalo todo en detalle y entrégueselo a su papá o mamá; pida que lo lea y que corrija lo que no sea cierto. Quizá diga: «Es todo exacto. Así es cómo me sentía. Me alegra de que lo hayas expresado con palabras. Yo no hubiera sabido hacerlo, pero así es cómo me sentía». El hecho de que diga: «No hubiera sabido hacerlo», le permite básicamente reformular todos los recuerdos de su infancia en una forma más positiva.

Reformulación bíblica

Otra forma de reformular las heridas del pasado es dar gracias por las mismas. La Biblia dice: «Dad gracias en todo». Tenemos que dar gracias incluso por las peores cosas que nos suceden, en parte porque nos ayudan a desarrollar nuestras fortalezas como adultos. Esto es reformular.

Los niños interpretan mal a los adultos. Los adultos pueden amar sin condiciones a sus hijos, pero si no lo dicen, estos pueden no creerlo o experimentarlo en el nivel emocional. La reformulación es remontarse al pasado y mirar con ojos de adulto lo que vivió como niño para situarlo en un marco de referencia nuevo y comprobarlo con el adulto correspondiente. A menudo, esta reformulación conduce a la curación.

4. Converse de su pasado con sus parientes.

Los parientes con frecuencia aportan una perspectiva diferente, a veces mucho más objetiva, a los recuerdos de la infancia. Recordemos que el recuerdo de una casa que tiene un hijo puede ser en realidad muy diferente de la casa en la que de hecho vivió de jovencito. De igual modo, sus percepciones de ciertas emociones pueden no haber sido correctas.

De vez en cuando, preguntar a un hermano o hermana mayores: «¿Qué sucedió en realidad cuando _____?» aporta una perspectiva muy diferente a las heridas de su infancia. Muchas veces solo con ver cosas a través de los ojos de un hermano o hermana sana de inmediato el dolor emocional vinculado a un recuerdo distante.

Una vez que se siente cómodo con compartir su «patrón del por qué», que ha reflexionado en éllo, y que ve con claridad qué es y por qué funciona, quizá quiera sentarse con su hermano o hermana para explicarle su «patrón por qué».

Las conversaciones al respecto pueden discurrir más o menos así:

PARIENTE: «Nunca tuve la intención de que te sintieras mal solo porque eras mi hermana (o hermano) menor. Siempre me sentí orgulloso de ti».

USTED: «¿De veras? Siempre me decías lo que estaba haciendo mal».

PARIENTE: «Bueno, eso era solo para ayudarte a que mejoraras. Me sentía orgulloso de ti».

De igual modo que una conversación puede sanar relaciones con los padres, a veces conversaciones con parientes en una forma que no pretenda estar acusando sino que clarifique, les permite ver cómo lo veían, cómo se sentía y qué significaba para usted, puede también sanar.

5. Buscar perspectivas nuevas

Pida a un mentor o amigo íntimo que lo escuche para darle perspectivas nuevas. A veces hay que dejar que un mentor —alguien que se preocupa por uno, lo respeta, lo acepta y lo ama— se tome una o dos horas, uno o dos días, para dejarle que hable en detalle acerca de su «patrón por qué» ayuda a sanar.

Con frecuencia, el buen juicio de las personas aporta una perspectiva nueva que alguien de la familia no puede aportar porque un miembro de la familia parte de los mismos supuestos que uno. Pero alguien de fuera de la familia puede partir de supuestos muy diferentes que permiten arrojar una luz curativa sobre la situación.

En el proceso de sanar, hay que centrarse en lo que es correcto, no en quien está en lo correcto

Al ir adquiriendo más y más confianza en su mentor, pídale sus puntos de vista acerca de cuán reales eran sus expectativas de niño.

Quizá descubra que sus expectativas eran demasiado altas o demasiado bajas. En cualquier caso, algunas de sus heridas pueden sanar.

Un amigo íntimo puede que no sea un consejero juicioso que le aporte nuevas ideas brillantes en cuanto a sus preocupaciones. Pero ¡hablar de ello, expresarlo, ponerlo en palabras, a veces ayuda!

Hace unos días estuve hablando a un pequeño grupo de ejecutivos. Una mujer se me acercó luego y me dijo: «¿Sabe qué?, a veces cuando le hablo a un amigo, decir lo que pienso me permite darme cuenta de lo ridículo que en realidad suena. Algunas cosas las tengo que oír antes de saber si de verdad las creo o no».

A veces las cosas que guarda en el corazón, las cosas que lo preocupan, desaparecerían si le hablara a un amigo acerca de las mismas. Hablar con un amigo de confianza a veces puede sanar cosas que no tienen por qué seguir atormentándolo.

6. Revisar la lista «Yo siento»

Si tiene la tendencia a negar cómo se siente en realidad respecto a un asunto dado o si creció en un hogar donde no se expresaban los sentimientos, ¡esta lista puede ayudar mucho! (Ver Apéndice 1:8).

Siga las instrucciones de poner un círculo en las que siente en ese momento, un círculo doble en las intensas; ponga un asterisco en las diez principales, dos asteriscos en las tres principales y un triple asterisco en la predominante.

¿Cómo se siente en realidad hoy, como adulto, en una situación dada? Hacerse esta pregunta es otra forma de encontrar curación para las heridas del pasado. ¿Cómo se sentía de hecho como niño?

7. Ore por todo su «patrón por qué»

Podría considerar repasar todo este libro desde el principio para ir orando por cada sección. Pida a Dios comprensión, sabiduría y curación. Orar como adulto por todo su «patrón por qué» a menudo genera una perspectiva curativa porque ayuda a que vea sus heridas y su historia desde un punto de vista eterno.

8. Cambiar su público

Al ir pensando en por qué hace lo que hace, he llegado a la conclusión de que, a no ser que cambie su público, muy rara vez cambiará su comportamiento.

Hace unos veinticinco años participaba en un seminario, y escuché la afirmación que hizo el orador y que nunca he olvidado. Dijo: «Nunca he encontrado una persona perezosa, solo una persona que no estaba debidamente motivada». Contó luego historias acerca de personas que había conocido en persona. Por ejemplo, un joven que parecía que no iba a llegar a ninguna parte hasta que conoció a la joven adecuada. Se casaron, consiguió un trabajo mejor y con el tiempo llegó a ser presidente de una compañía. Después de cada historia, repetía que esa persona no había sido perezosa, sino que, solamente no había encontrado una forma de sentirse debidamente motivado.

El cambio de público cambia el comportamiento

El punto es que las personas habían encontrado un nuevo público que creía en ellas, por lo que creyeron en sí mismas. Por tanto, pudieron lograr metas, llegar a ser presidentes, ganar millones. Pasaron de no tener ningún público a tener un público que creía en ellas.

Así que su pregunta ahora es: «¿Cuál era mi público cuando era niño? ¿Qué necesitaba de mi público? ¿Necesitaba que mi público me quisiera? ¿Me valorara? ¿Me hiciera sentir seguro?».

Si de niño su padre era su principal público, ya adulto, su público más probable son su padre u hombres de más edad. Pero ¿quién es su público hoy, y necesita cambiarlo?

Para poder cambiar y sanar muchas de las heridas y traumas que arrastra del pasado puede necesitar cambiar su público de un club a otro, de un amigo a otro, o de amigos a Dios. Quizá está recibiendo consolidación negativa que mantiene vivas sus heridas. Otro público quizá pueda ayudarlo a superar esa herida y dejarla atrás.

Reflexión íntima

Pregúntese: «¿Quién es mi público verdadero? ¿Quién quisiera que fuera mi público?».

---

9. Perdonar y pedir perdón

Perdonar a los padres por las heridas que han causado frena mucha amargura y rencor, que consumen energía con mucha intensidad, causan problemas de salud y pueden conducir a una muerte prematura.

Pedir perdón puede a veces sanar heridas y permitir que sanen. Pero no vayan a hablar con sus hijos para decirles: «Estas son todas las cosas que hice mal. Por favor, perdóname». Esto es exagerado. Por lo menos equilibre su hoja de vida diciendo: «Estas son las cosas que pienso que hice bien o traté de hacer bien, y estas son algunas de las cosas que sé que hice mal. ¿Me podrías perdonar por ellas y por cualquier herida que yo te haya causado?».

A veces los padres tienen que perdonar a los hijos por cosas hirientes que han dicho en el calor del momento. A veces los hijos tienen que perdonar a los padres por abusos intencionales o no intencionales. Algunos parientes tienen que perdonar a otros parientes por heridas causadas debido a insultos o mezquindades. A veces unos amigos tienen que perdonar a otros por mentiras dichas o daños causados.

10. Buscar ayuda profesional

Puede buscar un amigo juicioso o un pastor o un para-profesional. También puede buscar ayuda profesional. Sin duda, algunas veces es aconsejable buscar ayuda profesional:

- Ante una depresión importante o tendencias suicidas

- Cuando teme que puede poner en peligro a otros

- Cuando se siente por completo descontrolado

- Cuando no puede controlar el uso de drogas

Si se encuentra en un estilo de reserva y está pensando en el suicidio o está tan hundido en las drogas que no puede salirse, llame al 1-800-NEWLIFE [en los EE.UU.] para pedir ayuda. (Ver Apéndice 2).

Estos diez pasos me han hecho derramar muchas lágrimas de curación en el curso de los años, y también a mis amigos y mis clientes. ¡Ojalá que suceda lo mismo en su caso y en el de las personas que ama!

Capítulo 9

Aceptar las heridas que no sanarán

Algunas cosas en la vida sanan muy, pero que muy despacio, y otras no sanan ni pueden sanar. Los principios siguientes pueden ayudar a aceptar las heridas que no sanarán.

Paso 1: Tomar conciencia de que es absolutamente aceptable que no se satisfagan todas sus necesidades el 100% del tiempo

En esta vida las cosas no serán nunca perfectas. No se va a morir porque no quede satisfecha su necesidad emocional predominante. Es doloroso, pero se puede sobrevivir.

Paso 2: Consiga y mantenga una perspectiva más amplia

Vea siempre el aspecto muy doloroso con el que quizá se enfrenta en el contexto de todas las cosas de su vida que son positivas.

Tenga actualizados sus sueños, metas y planes

Utilice los planes futuros para tratar de conseguir una perspectiva más amplia acerca de su vida que esas cosas de su pasado que no sanarán.

Comience a elaborar una lista de avances positivos

Hacer una lista de lo que ·ha hecho bien es un recordatorio y consuelo necesarios de que de hecho está avanzando en la dirección correcta. Es beneficioso sobre todo cuando sufre un fracaso devastador en un área.

Haga una lista de sus amigos y conocidos de toda la vida

Muchas veces he hablado con clientes que han dicho en un tono de voz lleno de desaliento y soledad: «Siento que no tengo ningún amigo».

Esta lista puede recordarle que tiene muchos amigos, aunque hoy puedan estar lejos y haya pasado mucho tiempo desde que se ha reunido con ellos.

Paso 3: Aprenda unos pocos supuestos positivos acerca de la naturaleza humana que son útiles para aceptar las realidades de la vida

Todos necesitamos dar y recibir amor

Si conocemos a personas que parecen no ser así, es porque no saben cómo en un momento dado. Toda persona desea dar y recibir amor.

Todos quieren crecer como personas

Todo el mundo quiere ser más fuerte y más capaz este año que el año anterior.

Nadie quiere fracasar

Pero muchas personas no saben cómo tener éxito.

Las personas hacen lo que les parece sensato

Las personas hacen lo que les parece sensato, aunque más tarde, quizá resulte que no ha sido para nada sensato.

Los padres hacen lo mejor que saben

Los padres no desean herir a sus hijos, aunque puedan no saber cómo ayudarlos. La realidad es que sus padres pueden no haber sabido cómo criar mejor a sus hijos porque sus antecedentes o edades emocionales hicieron de ellos padres incapaces. Es mucho más fácil aceptar las heridas del pasado cuando uno ve que los padres no quisieron herirnos a propósito.

Paso 4: Somos estudiantes de Dios, no víctimas de la vida

Cuando Denny Bellesi formuló por primera vez esta idea en un mensaje, tuvo mucho sentido. Es una pieza fundamental para aceptar lo que nos sucede.

Recordemos que Dios nos tiene a todos en la escuela. No somos víctimas de la vida, sino estudiantes de Dios, si queremos verlo de esta manera. Estamos todavía en un proceso de construcción.

Steve Arterburn expresa un pensamiento similar: «La pregunta no es: "¿Por qué Dios permitió que sucediera esto?". Recordemos que Dios permitió que su pueblo anduviera por el desierto. La pregunta es: "¿Cómo puede Dios utilizar esto?"».

Paso 5: Competir solo con uno mismo

No hay que competir con sus padres, sus parientes o sus iguales. Si trata de competir con otros, con frecuencia se sentirá insuficiente. Pero si compite consigo mismo, puede comenzar a lograr algún avance.

Paso 6: Tomar conciencia de que no puede ganar siempre

Mi padre, Bob Biehl, que vive en Mancelona, Michigan, utiliza esta «píldora» para aceptar lo que no puede cambiar. Siempre que topa con algo que le resulta una pérdida o desengaño doloroso o grande, asimila la pérdida diciendo: «No se puede ganar siempre».

Y a menudo también cita lo que afirma Romanos 8:28: «Y sabemos que a los que aman a Dios, todas las cosas les ayudan a bien, esto es, a los que conforme a su propósito son llamados».

Reflexión íntima

¿Cuáles son las heridas del pasado que no parece que vayan a sanar, que simplemente necesito aceptar? Haga una lista de ellas y pondere cada una de ellas una vez más utilizando los seis pasos previos.

Capítulo 10

Evitar el daño emocional a sus hijos y nietos

En los últimos veinte años he escuchado a literalmente centenares de ejecutivos compartir sus dolores y alegrías. He escuchado con gran interés centenares de experiencias de infancia y sus obvios impactos sobre la vida de adulto.

A la luz de estas experiencias, deseo sugerir formas en que pueden actuar como padres y formas en que pueden actuar con sus hijos para ayudarlos a prepararse para llegar a ser adultos exitosos e importantes. También analizaré los pasos para aprovecharse de la situación única de un abuelo.

Cinco pasos preventivos para que los dé con sus hijos

1. Quitar los tapones emocionales

Un elevado porcentaje de cualquier daño que pueda estarle causando a sus hijos hoy se debe a un daño no resuelto en su propia vida.

Por ejemplo, si se siente insuficiente, es muy difícil transmitir a sus hijos un sentido de suficiencia. Si no se siente amado sin condiciones, resulta más difícil dar amor sin condiciones.

Enfrentar su pasado no resuelto (como se sugiere en los capítulos 8 y 9) es un regalo para sus hijos, ¡un regalo de prevención!

En el Apéndice 1:9 se puede encontrar una explicación más completa de cómo tratar de quitar los tapones.

2. No tratar de ser un padre perfecto

Ser un padre perfecto no solo es imposible, sino que tratar de lograrlo pone presión sobre usted, que sin querer se va transmitiendo a los hijos. Mantenga sus estándares. Siga tratando de ser un padre realmente muy bueno, pero ¡no se coloque en una olla a presión de padre perfeccionista! (Ver Apéndice 1:4).

3. Mantenga su matrimonio sólido y sano

Conozca sus necesidades emocionales predominantes y las de su cónyuge. Satisfagan las necesidades mutuas de la manera más consistente posible.

Un dicho conocido y sabio dice lo siguiente: «¡Uno de los regalos más bellos que puede darle a su hijo es el de ser padres con un gran matrimonio!» ¡Estoy un 100% de acuerdo!

4. Evite utilizar el estilo de reserva con sus hijos

En caso de que tenga que emplear su estilo de reserva, utilícelo solo con sus amigos adultos. Son lo bastante grandes y maduros como para protegerse. No descargue sus frustraciones en sus hijos.

Vea a sus hijos como amigos, y no les haga lo que no haría a una persona que querría mantener como amigo de por vida. Si no perdería los estribos con un amigo, ¿por qué lo perdería con su hija o hijo de ocho años?

5. Evitar a toda costa ciertos comportamientos

Comportamiento abusivo: si siente que es posible que vaya a maltratar a sus hijos, pídale a un amigo cercano que le ofrezca una perspectiva positiva, o busque consejería de un profesional.

Amor condicional: si ama a sus hijos sin condiciones, ¡dígaselo! Dígales a sus hijos con palabras, con una cierta regularidad, que los ama.

Los hijos en realidad no sienten que son queridos a no ser que se lo digan con palabras.

Favoritismo entre hijos: Algunos padres sienten que les hacen un favor a sus hijos diciéndoles que son sus favoritos por encima de su(s) hermano(s) y/o hermana(s). Pero este no es el caso.

El hijo al que sus padres consideran favorito siente mucha presión de sus iguales y con frecuencia queda excluido socialmente como «el niño de mamá» o «la niña de papá». Hasta donde sea humanamente posible, ame y trate a sus hijos por igual.

Expectativas imposibles o que cambian constantemente: una de las frustraciones más comunes que he escuchado de la boca de ejecutivos adultos acerca de sus respectivos padres es: «Nunca complacía lo suficiente a mis padres con lo que hacía, o solo cuando pensaba que había actuado bien, ¡cambiaban las reglas!».

En la medida de lo posible, ayude a sus hijos a fijar metas que pueden lograr con un poco de empeño. Y una vez que se ha fijado la meta o se ha asignado la tarea, no cambie el «trato».

Ocho pasos de prevención que deben darse con sus hijos

1. Amar a cada uno de los hijos sin condiciones

Dígaselo a sus hijos con palabras y demuéstreselo con abrazos, palmaditas, besos y ¡apodos cariñosos! Y no importa lo que haga, estas expresiones de amor no deben condicionarse a:

- ordenar el dormitorio a la perfección
- ganar el juego de pelota
- sacar solo notas sobresalientes
- no avergonzar a la mamá y al papá en público

Cuando a su hija la escojan para ser animadora, dígale que la quiere igual aunque no hubiera sido escogida. Si no la escogen, dígale que la quiere lo mismo que si hubiera sido escogida.

2. Buscar la forma en que cada hijo es especial

Dígale al hijo o hija que es especial, que va a llegar a ser importante (si cree que esto es verdad). Ayude al hijo a crecer en áreas en las que siente que tiene dones especiales.

Busque formas en las que el hijo es especial –analítico, expresivo, artístico, atlético, académico- y dígales que ve muy claro el día en que será importante.

3. Tome nota de la individualidad de cada hijo

Ayude a que cada hijo se sienta importante para usted en lo personal. ¡A usted le agrada él o ella! Siempre que el hijo entre a la habitación, llámelo por su nombre. Cuanto más pequeño sea el hijo, tanto más apropiado resultará ponerle un nombre cariñoso. Este permite que el hijo sepa que se da cuenta de que es importante, necesitado o tomado en cuenta.

4. Valorar lo que el hijo hace bien

Permita que su hijo sienta que lo ha hecho muy bien de vez en cuando. Tome nota del motivo puro con el que ha horneado el pastel, ¡no que le haya manchado la ropa!

Muestre entusiasmo por lo que el hijo hace por usted. Dígale lo bien que lo ha hecho (según la edad y el nivel de capacidad). Centre su atención en cuán limpia se ve la habitación y no solo en la una o dos piezas que no se limpiaron.

¡Sea más un animador que un crítico!

5. Crear un sentido de seguridad

Muestre a su hijo cuánto ama a su cónyuge. Dígale que tiene la intención de seguir casado para siempre (si es verdad). Ayúdelo a sentirse seguro y protegido en un hogar estable. Si ya está divorciado o prevé separarse, dé al hijo seguridad verbal constante de que sigue queriéndolo mucho. Si el hijo o la hija oyen que la situación económica es mala y que quizá vayan a despedir a personas de la compañía en la que trabaja, tranquilícelo de que tiene una cuenta de ahorros para pasar la crisis. Algunos hijos necesitan más seguridad que otros. Cada uno de los hijos debería vivir en un mundo en el que se sienta seguro.

6. Respetar a cada hijo como persona

Vea a sus hijos como seres humanos. Permita que cada uno de ellos tenga un cierto grado de privacidad, de secreto. Recuérdele al hijo que un día será adulto (este consejo me resulta fácil ya que mis hijos «pequeños» ya son adultos). Quiere que su relación con cada uno de ellos en esa fase de su vida sea de mutuo respeto. ¡Comience ahora!

Hay muchas maneras pequeñas de demostrar el respeto por el hijo. Por ejemplo toque a la puerta antes de entrar al dormitorio, el cuarto de baño o la sala de juegos. No interrumpa a su hijo cuando esté hablando. Tenga cuidado en no utilizar su talla física para intimidar ni dominar a su hijo.

7. Ayude a su hijo con su adaptación social

Ayude a su hijo a que escoja amigos de manera prudente mientras es joven. Ayúdele a ver que se requiere un cierto tiempo y una cierta cantidad de energía para mantener esas amistades. A veces el hijo o la hija necesitan algo más de orientación, perspectiva y comprensión.

A veces un hijo necesita asumir el liderazgo con un hermano más pequeño. A veces un hijo necesita jugar con hijos mayores y seguir su liderazgo. Y a veces un hijo necesita jugar con amigos de la misma edad. En todas estas modalidades de relacionarse, su hijo aprenderá destrezas para ir avanzando hacia la vida adulta. Aprenderá a seguir cuando sea lo adecuado y a liderar cuando sea lo adecuado.

Si siente que su hijo no es aceptado por otros niños, o que su hijo no tiene amigos con los que usted quisiera que se relacionara, piense en la posibilidad de hablar con un consejero acerca de cómo ayudarlo. Piense en todas las medidas que sean necesarias para que su hijo ingrese a un grupo que merece su aprobación en el que su hijo pueda ser una parte aceptada del mismo.

Asegúrese, siempre que sea posible, de que el hijo se relaciona con amigos de la misma edad, con niños de más edad y con niños de menos edad.

8. Enseñe valores que desea que su hijo conserve ya de adulto

No olvidar nunca la naturaleza crítica de tomar tiempo para enseñar al hijo las destrezas básicas de amar, vivir y relacionarse. Enséñele los valores de Dios, la familia, el país, la honestidad, el espíritu de justicia, la lealtad, el valor, y así sucesivamente.

Haga que su hijo aprenda de memoria verdades claves. En todos sus esfuerzos, reconozca que el hijo o hija aprende tanto viéndolo actuar como escuchándolo. Hágase acompañar de su hijo, de ser aceptable, para aprender de verlo actuar.

Tres pasos de prevención para aprovechar la posición única de un abuelo

De hecho, un abuelo puede satisfacer todas las necesidades que satisface el padre desde una relación algo diferente:

- Amar a cada nieto en forma incondicional
- Buscar la forma en que cada nieto es especial
- Tomar nota de la individualidad de cada nieto
- Valorar lo que hacen bien

- Crear un sentido de seguridad
- Respetar cada nieto como persona
- Ayudar a los nietos a adaptarse socialmente
- Enseñar a los nietos los valores que desea que lleven consigo a su vida de adultos, ¡tanto con sus palabras como siendo modelo de los mismos!

Hay tres pasos adicionales que pueden resultarle útiles desde la posición única de abuelo.

1. Para prevenir perjuicios a sus nietos, solucione cualquier problema que tenga con sus padres

Como lo dice Steve Arterburn: «Los problemas que no resolvemos, los reproducimos en nuestras relaciones y en especial con nuestros parientes». Si tiene una relación no resuelta con su hijo o hija, ahora es el momento de procurar resolverla si fuera posible.

Si arrastra consigo algún tipo de resentimiento respecto a sus hijos, ¡resuélvalo ahora!

Conoce las implicaciones de este dicho sin necesidad de explicaciones detalladas:

Para el sabio, una palabra es suficiente.

2. Puede disponer de más tiempo para invertir en sus nietos que el que tienen sus hijos a estas alturas de sus vidas

Durante estos momentos muy especiales con sus nietos, busquen siempre formas únicas en que son especiales, y ayude a sus propios hijos a ver cuán especiales son sus hijos en términos muy concretos.

Algunos de estos momentos son «momentos de respiro» ideales para sus hijos cuando su paciencia se está agotando con los nietos.

3. Sea animador para todas las cosas que sus hijos hacen bien con sus nietos

Todos los padres necesitan oír que lo están haciendo bien y van a conseguir lo que se proponen. Utilice una perspectiva más amplia, más objetiva, para identificar lo que están haciendo bien sus hijos, y luego dígaselo con palabras muy positivas y concretas. No se limite a decir: «¡Lo estás haciendo muy bien!». Diga algo así: «Estás haciendo muy bien enseñándole a Susie (o Tom) a jugar a baloncesto. ¡Eres un gran padre!».

(También podrían releer el Apéndice 1:4 «Falsa culpa de los padres»). Esas listas no pretenden ser exhaustivas en cuanto al tema de la *prevención*. Solo quieren sugerir algunos de los puntos de partida fundamentales.

Reflexión íntima

Al concluir este libro, sugiero que reflexionen a fondo acerca de lo siguiente:

1. Revisar su

    • «Patrón por qué»

    • Gráfico «Por qué hace lo que hace»

    • Reflexiones íntimas

    Haga los últimos cambios que cree que lo ayudarán a entender con más precisión su infancia o vida adulta.

2. Actúe. ¡Lea, ahonde, aplique y actúe!

3. Lea el Apéndice 1 con suma atención para comprender mejor por qué hace lo que hace.

4. Marque en su calendario un tiempo adecuado en el futuro en el que revisará de nuevo estas áreas y sus avances hacia su salud y equilibrio emocionales.

Si ha tenido muchas experiencias «¡Ajá!» y puede ver con claridad dónde pueden ser de ayuda por el resto de su vida… ¡misión cumplida!

Apéndice 1

Más de veintiuna implicaciones y aplicaciones prácticas de Por qué hace lo que hace

Esta sección contiene toda una serie de observaciones que explican más en profundidad por qué las personas hacen lo que hacen. Estos temas se presentan por orden alfabético para que las referencias resulten más fáciles.

1. Agenda

¿Se ha preguntado alguna vez por qué tiende siempre a definir la agenda, no importa donde vaya o por qué nunca define la agenda, sino que acepta la agenda decidida por otra persona o grupo?

De niño, ¿quién definía la agenda? ¿La definía usted u otra persona? ¿Solía liderar, seguir, o era una combinación de ambos? Ninguna de las dos cosas es buena o mala… solo diferente.

Es probable que en un ámbito de 60% a 80%, ahora como adulto siga la misma pauta que adoptó en la cancha de juego en tercer o cuarto grados.

De niño, ¿se centraba sobre todo en sí mismo o en otros?

Un *niño centrado en sí mismo* tiende a definir la agenda: «Es mi agenda, quiero ir ahí, y asumo que los otros seguirán; decido a qué jugar; decido con quién jugar».

Un *niño centrado en otros* tiende a esperar que otras personas definan la agenda: «No me importa. ¿Qué quieres hacer? Iré contigo. ¿A qué quieres jugar?».

Como adulto, va a descubrir que en gran parte se siente más cómodo reproduciendo el rol que jugó de niño. Si de niño definía la agenda, es probable que ahora haga lo mismo. Si de niño tendía a seguir y apoyar a otros, es probable que hoy tienda a seguir y apoyar a otros. De nuevo, no es bueno ni malo… sino diferente.

En esto hay una distinción sutil entre el egotista y el egocéntrico. La persona *egotista* tiene un gran ego al que necesita complacer todo el tiempo. Una persona *egocéntrica* asume que es el centro de todas las cosas.

Algunos niños crecen en un hogar en el que sus padres son el centro de las cosas, y los hijos son como satélites. Otros niños crecen en hogares donde ellos son el centro de las cosas, y sus padres son satélites.

Si creció en una familia en la que sus padres y parientes giraban en torno suyo, en la edad adulta tenderá a ser una *persona egocéntrica* que en forma automática define la agenda y asume que los demás seguirán.

Si creció en una familia en la que era uno entre muchos y básicamente entraba a formar parte de los planes de otras personas, en la adultez su tendencia será esperar que se presente una persona fuerte que defina la agenda. Entonces trata de ayudar en lo que puede.

En su vida, ¿quién define la agenda?

2. Apodos

¿Se ha preguntado alguna vez por qué son tan importantes los apodos tanto para uno como para los demás?

Cuando se le da a un hijo un nombre cariñoso o un apodo, el hijo asume de inmediato: «Me está hablando a mi yo personal… le agrado como persona». Así que, cuando llama a un hijo «cabezón» o «patita», el hijo asume que está hablando al «yo real». Y el hijo se siente más cercano al padre.

En el caso de sobrinas, sobrinos, hijos, nietos o hijos de vecinos, piense con cuidado acerca del apodo que le pone a cada uno. Póngale el apodo en una forma que resulte positiva, cálida y amorosa. Poner un apodo le dice al niño: «Cuando utilizo este apodo contigo, le estoy hablando al tú verdadero que solo tú conoces».

Conviértase en un artista para poner apodos y les hará enormes favores a los niños

Dé a los niños nombres cariñosos positivos

Quizá diga: «Nunca nadie me puso un apodo. ¿Por qué?». Hay un par de razones. Primera, cuando las personas tienen nombres inusuales, es más frecuente que otros les pongan apodos. Segunda, cuando las personas tienen nombres comunes, los demás no se preocupan por llamarlos de otra manera.

Ponga apodos a algunos adultos que conozca

Podría preguntarse: «Quiénes son los tres adultos con los que más querría comunicarme en un nivel de intimidad? Si les pusiera a cada

uno de ellos un nombre cariñoso o apodo, ¿qué les estaría dando?».
Si nunca tuvieron un apodo, darles uno constituye una experiencia
divertida. Nunca es demasiado tarde.

3. Equipos

*¿Se ha preguntado alguna vez por qué se inclina tanto a trabajar
en equipo o por qué nunca piensa en términos de formar parte de un
equipo? ¿Se ha preguntado alguna vez por qué nunca asume que su
equipo llegará de hecho a las finales del campeonato?*

Otra dimensión de este paralelo del juego de roles entre infancia
y vida adulta es la forma en que vivimos la experiencia en equipos.
¿Solían ganar sus equipos? ¿Solían perder? ¿O fue mitad y mitad?

Las personas que llegan a la selección nacional suelen haber estado en equipos ganadores desde su infancia hasta la vida adulta. Y los
que no llegan a ese nivel o se paralizan en la novena entrada a menudo son adultos con pautas de infancia que dicen: «Bueno, de todos
modos no vas a ganar. Es posible que termines la temporada con más
triunfos que derrotas, pero no ganarás el campeonato».

Después de crecer en equipo perdedores, es difícil, mental y emocionalmente, llegar a formar parte de un equipo ganador, incluso si se
trata de un atleta bien dotado.

4. Falsa culpa de los padres

*¿Se ha preguntado alguna vez por qué se siente tan culpable en
cuanto al pasado con sus hijos y está siendo demasiado duro consigo
mismo? Estas son algunas formas de abordar la culpa falsa que quizá
está sintiendo.*

Distinguir entre culpa falsa y culpa verdadera

Esté dispuesto a pedir perdón por las cosas que hizo que sabe que los hirieron, sin importar si en ese tiempo quiso o no ofenderlos. Los padres perfeccionistas sufren de culpa falsa porque no eran perfectos. Piense en quizá pedirle a un amigo cercano su apreciación objetiva de lo que hizo, o está haciendo, como padre.

Admitir que ningún padre es perfecto

Admita de entrada: «Cometí (o cometeré) errores». Los padres no son perfectos… ¡solo son humanos! Deje que sus hijos vean que no es perfecto.

Recordar que usted hizo muchas cosas bien

Haga una lista de las cosas que hizo bien. Hizo lo mejor que supo en ese momento. No tenía todas las respuestas de las que dispone ahora. Diga a sus hijos mayores que espera que puedan hacerlo mejor que usted cuando sean padres.

Animar a los hijos adultos a leer este libro

Hablar acerca de algunos de los puntos de adulto a adulto.

Acepte que llega el momento en que los hijos deben asumir responsabilidad por sus actos

En su época de adolescencia, sus hijos tomarán sus propias decisiones, algunas buenas, otras malas. Deben aprender a afrontar las consecuencias directas de sus decisiones. Y esto no siempre les resulta fácil a los padres.

Ayudar a que sus hijos vean que son estudiantes de Dios y no víctimas de la vida

Podría referirlos a lo analizado en el capítulo 9 acerca de esta idea.

Orar por ellos sin cesar

Dígales que ora por ellos, y por qué lo hace.

Pedir la opinión de una persona que no es miembro de la familia

Pídale a un mentor o amigo ayuda y apoyo para su función de padre.

Tomar la iniciativa

¡Diga a sus hijos que los ama sin condiciones! Si bien algunas de sus acciones tengan consecuencias graves, sigue amándolos. Dígales que se siente orgulloso de lo que están haciendo bien. No se refiera solo a aquello en que no están cumpliendo con sus estándares.

Animar a buscar ayuda profesional

Si tienen sentimientos sobre todo negativos acerca de su niñez, piense en animarlos a acudir a un consejero profesional. Ofrézcase a acompañarlos.

5. Fiestas y diversión

¿Se ha preguntado alguna vez por qué disfruta tanto en las fiestas y su cónyuge no, o viceversa?

¿Qué valor tenía, o no tenía, la diversión para su familia cuando crecía? Para algunas familias, las fiestas, diversión y ejercicio no tenían ningún valor. Nunca había que buscar, ni valorar o disfrutar lo superfluo de la vida.

Algunos nunca valoraron, e incluso lo consideraron como pérdida de tiempo y dinero, tener vida social, relajarse, ofrecer una fiesta o un asado, invitar a amigos a la casa, salir a cenar, hacer un viaje o ir de vacaciones.

Podría preguntarse: «¿Cuáles son las cosas que mi familia no ha valorado, pero que la sociedad o mi cónyuge valoran mucho?». Las respuestas le pueden resultar muy interesantes como adulto. Ahí puede encontrar cinco piezas de su rompecabezas de diez mil piezas.

6. Hogar

¿Se ha preguntado alguna vez por qué dos muchachos criados en el mismo hogar llegan a ser tan diferentes? ¡Nunca hay dos niños que se críen en el mismo hogar! Ni siquiera los gemelos idénticos se crían en el mismo hogar desde el punto de vista de las emociones.

Los padres pueden decir de inmediato cuál de ellos es por naturaleza «más del lado tuyo de la familia» o «más del lado mío de la familia», o cuál «se parece a ti» o cuál «se parece a mí». Y a los gemelos el padre y la madre los tratan de manera diferente.

Si se dejan de lado los gemelos idénticos, todavía es más fácil identificar las diferencias. Cada año trae consigo ciertas luchas y fortalezas, pérdidas y ganancias. Algunos años son mejores que otros. A veces los padres pasan por el dolor de haber perdido a un ser querido, de perder un trabajo, de problemas físicos. Todos estos factores cambian la vida.

Digamos que cuando estaba en cuarto grado, su padre no se ganaba nada bien la vida, o que vivían en una casa pequeña. Pero cuando su hermana o hermano menor estaba en cuarto grado, sus padres tenían un estatus económico o social diferente. El hogar era diferente en cuanto a nivel emocional.

Luego, si por uno de los hijos, debido al color del cabello (se parece a la familia del papá), al parecido a la familia o cualquier otra realidad, preferencia o prejuicio no expresado en palabras, el papá sentía preferencia, pero no la mamá, ese hijo no crece de la misma manera que el hijo que se sentía rechazado por el padre. El hogar era diferente en el nivel emocional.

Reconocer esto ha sido una experiencia «¡Ajá!» para algunas personas.

7. Hombría y femineidad

¿Se ha preguntado alguna vez por qué no se siente totalmente seguro de que es un «hombre de verdad»?

Hombría

¿Cómo habría completado esta frase su padre: «Un hombre de verdad es un hombre que _____?».

Si usted prefiere definirlo de manera diferente, se va a encontrar una cierta dosis de conflicto en su sistema. Digamos, por ejemplo, que su padre la completara así: «Un hombre de verdad es un hombre que ordeña cincuenta vacas antes del desayuno».

Su padre creció en una hacienda, y esa es la forma en que hubiera definido la hombría. Pero digamos que usted es pintor y pinta cuadros como Van Gogh, Picasso, Degas, Rembrandt, Renoir o alguno de los otros pintores de fama mundial. Usted gana cincuenta veces más que su padre en un año.

Según todos los estándares económicos, tiene más éxito que su padre. Socialmente, puede estar mejor situado. Espiritual, profesional y físicamente, puede ser mucho más equilibrado que lo que su padre jamás soñara serlo.

Pero si su padre definió la hombría en función de ordeñar cincuenta vacas antes del desayuno, es probable que no haya admitido que usted ya es un hombre. Y si nunca lo ha admitido, ¿cómo llegará a la conclusión de que es un hombre de verdad?

Nunca olvidaré haber visto en televisión una entrevista con una estrella de cine. La entrevistadora le preguntó: «Usted es un hombre, un hombre de verdad, un hombre macho. ¿Cómo un hombre llega a ser un hombre de verdad?».

La miró. Pensó unos instantes, dibujó una media sonrisa, y dijo: «Un hombre llega a ser un hombre de verdad cuando su papá le dice que lo es, y no antes».

Pensé para mis adentros: *«Eres más inteligente que lo que pensaba».*

Pero luego, unos tres meses más tarde, fue como si algo hubiera estallado en mi cabeza, y pensé: *«Oh, no, si tiene razón, todos estamos en problemas».* Comencé a pensar en la cantidad de muchachos que crecen sin padre.

Al trabajar con centenares de hombres, he llegado a la conclusión de que a muchos hombres nunca se les dirá que ya son hombres de verdad, porque a sus padres nunca les dijeron *sus* padres que eran hombres. En consecuencia, tenemos una generación de hombres que no saben si son o no hombres.

Su padre quizá no le diga nunca que es un hombre. Si en la vida escogió ir por un camino diferente y no ordeñar cincuenta vacas antes del desayuno, quizá nunca tenga la capacidad o los ojos para ver que es un hombre adulto. Tendrá que llegar a la conclusión por sí mismo, por medio de otra figura paterna o por medio de su propia idea de la hombría, que de hecho es un hombre.

Trabajo con equipos de hombres ejecutivos y he dedicado una buena cantidad de tiempo a conversar con ellos acerca de este tema.

Lo más usual es que una tercera parte de los hombres de un grupo dado admitan en forma espontánea que han luchado con su hombría.

Puedo sugerir que hasta que un hombre adulto, alguien a quien respeta, lo respete como a otro adulto igual, no sentirá que su hombría ya es completa. Si su padre es incapaz de ello, quizá no se sentirá en verdad seguro de que es un hombre hasta que tenga una relación en la que se lo respete como hombre.

Otra dimensión de la hombría es que un hombre solo ha sentido su hombría confirmada de parte de solo mujeres. Su madre piensa de él como un hombre y su esposa piensa de él como un hombre, pero en realidad se siente incómodo con otros hombres porque ningún hombre le ha dicho nunca que, de hecho, es un hombre adulto. Nuestra generación está llena de hombres que buscan un mentor, alguien que les dirá con razón: «¡Eres un hombre!».

Femineidad

Lo cierto es que no me siento tan seguro acerca de cómo opera el tema de la femineidad. Sin embargo, he hablado con muchas mujeres que trabajan en temas de la mujer, y su consenso parece ser que lo que la hombría es para los hombres, la *maternidad* lo es para las mujeres.

Quizá una mujer que no tiene hijos seguirá siendo una niña a los ojos de su madre. Una dinámica común que he encontrado al trabajar con mujeres es un sentimiento de que sus madres no aceptarán el hecho de que son adultas.

Es posible que lo más útil que estas hijas adultas puedan hacer sea dirigirse mentalmente a sus madres por su nombre.

De hecho he sugerido muchas veces que una hija y una madre se llamen por su nombre por un período de una hora con el fin de establecer una relación más adulta. En por lo menos algunos casos, esto ha funcionado bien. ¡Pero estoy seguro de que hay también otras relaciones en que no funcionaría para nada!

8. La lista «Yo siento»

1. Trace un círculo en cada palabra que exprese una emoción que ha venido sintiendo
2. Trace un círculo doble en las que sienta con más intensidad
3. Ponga un asterisco en las diez que siente con mayor intensidad
4. Ponga un doble asterisco en las tres emociones que esté experimentando
5. Ponga un triple asterisco en la emoción predominante por encima de las demás que haya venido sintiendo

A la deriva
Abandonado
Abierto a aprender
Abrumado
Aburrido
Abusado
Acusado por error
Admirado
Adorado
Afligido
Agitado
Agotado
Agradable
Agradecido
Agresivo
Ahogado
Aislado
Alegre

Aliviado
Alterado
Amado
Amargado
Ambivalente
Amenazado
Amigable
Anhelante
Ansioso
Antagónico
Apasionado
Apático
Apreciado
Aprensivo
Aprobado
Árido
Arrastrado
Arriesgado

Astuto
Asustado
Asustando
Atado
Atado de manos
Atemorizado
Atendido
Atractivo
Atrapado
Atrasado
Atraído
Aturdido
Autoconsciente
Avergonzado
Benévolo
Bueno
Cansado
Capaz
Cariñoso
Celoso
Centrado
Centrado en divertirme
Claustrofóbico
Compadecido
Competitivo
Complacido
Comprensivo
Comprometido
Con sobrepeso
Confiado
Confirmado
Confortable
Confundido
Consolado
Consternado

Contentado
Creativo
Culpable
Cálido
Cínico
Cómodo
Decidido
Defensivo
Degradado
Dejado de lado
Demasiado comprometido
Dependiente
Deprimido
Derrotado
Desafiado
Desajustado
Desalentado
Desamparado
Desatendido
Descontento
Descontrolado
Deseado
Desengañado
Desesperado
Desesperanzado
Desganado
Deshonesto
Desilusionado
Desleal
Desolado
Desolado
Desorganizado
Desorientado
Despreciable
Despreciado

Destinado
Desubicado
Disciplinado
Disgustado
Disperso
Dispuesto
Distanciado
Divertido
Dolor
Débil
Efectivo
Eficiente
En el buen camino
Enajenado
Encantado
Encaprichado
Enfermo
Engañado
Enojado
Entusiasta
Envidioso
Esperanzado
Esperanzado
Estable
Estancado
Estimado
Eufórico
Excelente
Excitado
Exitoso
Fatigado
Feliz
Fiel
Firme
Forzado

Fracasado
Fragmentado
Frenado
Frustrado
Fuera de forma
Fuerte
Furioso
Fútil
Generoso
Gratificado
Harapiento
Harto
Herido
Honesto
Honrado
Horrorizado
Hosco
Hostil
Humillado
Idolatrado
Ignorado
Ilimitado
Impaciente
Impopular
Importante
Impotente
Imprudente
Inadecuado
Inapropiado
Incapaz
Incluido
Incomprendido
Incómodo
Indeciso
Independiente

Indeseado
Indignado
Indisciplinado
Inefectivo
Inexperto
Infeliz
Inferior
Infiel
Influyente
Ingenuo
Inhibido
Inquieto
Insatisfecho
Inseguro
Insensible
Insignificante
Inspirado
Inteligente
Interesado
Intimidado
Inútil
Irritado
Jovial
Leal
Letárgico
Libre
Listo
Lujurioso
Mal pagado
Malo
Maltratado
Molesto
Molesto
Motivado
Nebuloso

Necio
Negativo
Nervioso
No querido
No ser nadie
Odiado
Olvidado
Oprimido
Oprimido
Optimista
Orgulloso
Osado
Paciente
Perdido
Perplejo
Pesar
Poco atractivo
Poco educado
Poco profesional
Popular
Por los suelos
Positivo
Preocupado
Presionado
Profesional
Progreso
Protegido
Provocado
Prudente
Próspero
Realizado
Rechazado
Relajado
Renuente
Resentimiento

Resignado	Temor
Resistente	Tenso
Respetado	Tentado
Responsable	Tierno
Rutinario	Tonto
Satisfecho	Traicionado
Seguro	Tranquilo
Sensible	Triste
Sin opciones	Tímido
Sin personal suficiente	Utilizado
Solitario	Vacuo
Solo	Vacío
Sombrío	Valiente
Sorprendido	Valioso
Subestimado	Vengativo
Subvalorado	Vergonzoso
Super	Vergüenza
Superfluo	Vibrante
Superior	Viejo
Suspicaz	Vigilante
Taciturno	Vivo
Temeroso	

9. Máscaras emocionales

¿Se ha preguntado alguna vez por qué siente tanta presión para aparentar ser algo que no es? A menudo, esta presión conduce a ponerse máscaras emocionales y a un crecimiento emocional taponado o atrofiado.

Con el estudio del modelo de los tres yos que expliqué antes en este libro y habiendo interactuado con personas acerca del mismo, he llegado a la conclusión de que muchas personas han experimentado mucho dolor y mucha presión para presentarse como que son algo que no son.

En el momento en que se pone una máscara de «me siento feliz» cuando en realidad está triste o de «no tengo miedo» cuando en realidad está atemorizado, deja de crecer a nivel emocional.

En ese momento se atrofia su capacidad para relacionarse con otras personas respecto a quién es en realidad; deja de crecer; se acaba. Solo cuando puede contar a otro ser humano lo que le está sucediendo en su interior puede comenzar a crecer de nuevo a nivel relacional y emocional y expresar quién es en realidad.

Máscara de atleta

Muchos ejecutivos con los que he trabajado comenzaron llevando una máscara de atleta cuando tenían entre cuatro y diez años. Se pusieron esa máscara y nunca se han sentido como que no fueran atletas. Esa es la única forma que conocen de relacionarse con las personas.

Muchos no saben cómo relacionarse con personas como adultos. Son socialmente agradables, pero en cuanto a revelar a otro quienes son en realidad, son del todo incapaces de relacionarse con una persona de una manera que no sea en conversaciones como estas:

- «¿Qué dimensiones tiene tu lancha? La mía es mayor».
- «¿Qué clase de auto tienes? El mes pasado me compré uno nuevo».
- «¿Cuántos autos tienes?».
- «¿Cuántos condominios tienes?».

Esto es lo que yo llamo *comparar máscaras*. Los que comparan máscaras rara vez hablan en términos como estos:

- «¿Teme alguna vez que todo esto se vaya a perder y vaya a quedarse sin nada?».
- «¿Se siente alguna vez con ganas de gemir por la noche por estar tan solo?».
- «¿Siente alguna vez temor de que su esposa lo vaya a dejar?».

Este nivel de conversación entre camaradas, con un amigo cercano, en la que revela lo que lleva en realidad en el corazón, quién es en realidad, qué experiencias está viviendo, nunca se da. La comunicación es de máscara a máscara, coraza a coraza, yo público a yo público.

Las personas son afortunadas si tienen uno o dos amigos cercanos con los que pueden en realidad abrirse, compartir confidencias, y en los que pueden confiar.

Otras personas que conozco se ponen máscaras profesionales, máscaras corporativas o máscaras académicas. Cuando alguien comienza a llevar la máscara de médico o de corredor de bolsa, de repente ya no hay más relaciones verdaderas. Penetrar por detrás de la máscara para compartir acerca del yo personal resulta en gran manera difícil.

Máscara familiar

Una familia puede llevar puesta una máscara o proyectar una imagen pública. Unos ejemplos: «Nuestra familia en verdad que no tiene problemas». «Nuestra familia no pasa por el dolor de tener problemas de alcohol». «Nuestra familia solo tiene ganadores». «Nuestra familia es la familia entusiasta perfecta».

¿Puede imaginar la cantidad de presión que se ejerce sobre cada uno de los miembros de la familia que está bastante lejos de mantener a la perfección la imagen familiar y el nombre de la familia?

10. Reflexión y memoria

¿Se ha preguntado alguna vez por qué su línea natural de pensamiento es tan negativa y cómo tratar de conseguir una idea más positiva del mundo?

Antes de abandonar el hogar como adolescente, tenía de 20 000 a 30 000 impresiones emocionales (6 000 días por 5 impresiones por día es igual a 30 000) de cómo era en realidad la vida en el mundo. Al menos entre 5 000 y 10 000 de estas impresiones se recibieron antes que llegara a la adolescencia. Si miles de estas impresiones fueron muy, muy negativas, tendrá dificultades en reemplazarlas con positivas. Para mantenerse centrado en verdades adultas más que en las impresiones emocionales de la infancia, quizá debería reflexionar a menudo sobre pasajes bíblicos.

Reflexione sobre estos pasajes si se siente:

Insignificante
Génesis 26-27:31
Salmo 37:1-6
Salmo 39:4-5
Salmo 139: 13-17
Proverbios 8:21
Proverbios 16:18-20
Proverbios 26:12
Juan 1:12
1 Corintios 15:51-54
Gálatas 6:7-9
Filipenses 3:14-16
Hebreos 13:5
1 Pedro 5:7
1 Juan 2:15-17

Pérdida de respeto
Deuteronomio 5:16

Amado con condiciones
Salmo 9:10
Isaías 43:1
Marcos 11:25-26
Juan 3:16
Juan 14:1-3
Juan 15:12-15
Romanos 5:6-8
Romanos 8:14-15
Romanos 8:38-39
Gálatas 3:26; 4:1-7
1 Juan 4:9-19

Ignorado
Salmo 22:24
Salmo 55:22
Mateo 11:28
Juan 16:23-24

Proverbios 23:24-26
Isaías 30:18
Juan 12:42-43
Juan 15:15
1 Corintios 2:9
1 Corintios 4:1-5
2 Corintios 10:17-18
Gálatas 6:9
2 Timoteo 1:7
Hebreos 13:6

Inadecuado
Salmo 73:26
Salmo 127:1-2
Eclesiastés 3:12-13
Mateo 25:35-40
Marcos 9:23
Hechos 20:32-35
Gálatas 6:9
Santiago 2:15-16
Santiago 5:7-8
2 Pedro 1:4

Intimidado
Salmo 37
Salmo 42:5-11
Salmo 138:7
Proverbios 16:7
Proverbios 23:17-18
Jeremías 39:17-18
Lucas 1:74
Juan 16:33
Romanos 10:11
2 Corintios 5:17
2 Timoteo 1:7

Efesios 2:3-6
Colosenses 3:12
Tito 3:3-5
Hebreos 13:5
1 Pedro 5:7
1 Juan 5:14-15

Inseguro
Salmo 9:10
Salmo 18:2
Salmo 46:1-3
Salmo 139:7-12
Isaías 58:9
Mateo 6:25-34
Juan 14:18-27
Juan 16:3
Romanos 8:15
Romanos 8:35-39
Hebreos 13:6
1 Juan 4:4

Inaceptable
Isaías 43:1
Juan 14:1-3
Juan 15:12-16
Romanos 5:6-8
Romanos 5:6-8
2 Corintios 3:4-6
Efesios 2
Filipenses 3:7-16
Colosenses 3:12-14
1 Pedro 2:4-10
1 Juan 4:9-19

Le debo un agradecimiento especial a Ed Trenner, asociado principal de Masterplanning Group Internacional, por su compilación de esta lista de citas bíblicas.

11. Padres estoicos

¿Se ha preguntado alguna vez por qué es tan sensible a todo su entorno?

Un patrón emocional constante en los niños criados por padres estoicos es la hipersensibilidad al entorno. Buscan si cesar más y más pistas sutiles acerca de lo que tratan en realidad de comunicar las personas.

Si un padre es extrovertido y expresivo, no hace falta que el hijo sea muy sensible para captar lo que le comunican. Pero si el padre no cambia nunca la expresión y solo modifica algo el tono para indicar: «Voy a abofetearte, estoy muy enojado contigo o estoy muy molesto contigo», el hijo debe captar señales más y más pequeñas acerca de qué puede esperar. Por tanto, si lo crió un padre estoico que en forma impredecible era duro y explosivo, se vuelve hipersensible no solo en cuanto a una persona sino en cuanto a todo su entorno.

Un cliente dijo: «Mi madre solía llegarme por detrás y me golpeaba en las orejas». En consecuencia, es sensible a absolutamente todo en su entorno, no solo a la persona que le está hablando sino a la camarera que pasa por su lado o a las personas que están hablando en la mesa contigua.

12. Paralelismo de papeles

¿Se ha preguntado alguna vez por qué siempre está desempeñando el papel de capitán o nunca es el capitán?

El papel que desempeñó de niño es probable que sea el papel en el que se desempeña con más comodidad de adulto.

Estos papeles de la infancia con frecuencia tienen sus paralelos en la vida adulta. Complete la siguiente frase: «El papel que recuerdo desempeñaba más de niño era el de _____».

- académico
- acompañante
- animador o promotor
- asesor
- atleta
- ayudante
- blandengue
- capitán de todo
- chismoso
- confirmador
- estrella musical
- estudiante estrella
- favorito del maestro
- genio en computación
- hija cumplida
- intelectual
- jugador del equipo
- líder de pandilla o cabecilla
- matón
- niño (se ve pero no se oye)
- niño feliz
- organizador
- pacificador
- padre de reserva para hermanos y hermanas
- payaso o artista

- princesa
- productor
- ratón de biblioteca
- solitario
- superestrella, no el capitán
- vida de las fiestas

Haga una lista de sus roles primordiales:

_____

_____

_____

¿Qué significa toda esta teoría de paralelismos de papeles? *No* quiere decir que no puede hacer nada. No quiere decir que no puede ser líder, dedicarse a los negocios y desempeñar el papel de presidente de la compañía. El punto principal es que los papeles más cómodos, los que requieren menos esfuerzo a la hora de desempeñarlos ya de adulto, son los que tienen su paralelismo en la infancia.

Otra dimensión de los papeles paralelos como niño y como adulto es la inversión de papeles. Tengo un amigo muy cercano que siempre desempeñó el papel de hermano menor. Su hermano mayor era una persona, atleta y líder tan destacado que el hermano menor, que poseía una gran capacidad de liderazgo, vivía a la sombra de su hermano mayor. Siempre estaba con su hermano mayor. El hermano menor siempre le dejaba la iniciativa al hermano mayor.

Por desgracia, cuando el hermano mayor ya tenía treinta y cinco años, murió como resultado de un insólito accidente de caza. Ahora el hermano menor encuentra extraño e incómodo tomar la iniciativa. En su compañía, ocupa un puesto en el que tiene que tomar la iniciativa, pero se siente como un pato fuera del agua o una tortuga de espaldas. No se siente cómodo en el papel de presidente. De hecho está haciendo muy buen trabajo. Pero en cuanto a nivel de comodidad, siempre está deseando que su hermano mayor estuviera presente para tomar el liderazgo de la situación. Le pone mucha presión.

13. Relaciones

¿Se ha preguntado alguna vez por qué solo tiene un amigo íntimo? O ¿por qué tiene tres amigos íntimos con los que quiere estar todo el tiempo? O ¿por qué es socialmente agradable con todos pero no es en realidad cercano a nadie?

Se puede predecir que las relaciones más exitosas (o sea, satisfactorias, cómodas, seguras) que tuvo de niño tienen sus equivalentes en su edad adulta un elevado porcentaje de tiempo. Si en la escuela elemental tuvo un mejor amigo, es probable que ahora, como adulto, tenga un mejor amigo. Si en la escuela elemental era un solitario, las probabilidades de que como adulto sea también un solitario social superan el promedio. Si era un muchacho solitario, puede que como adulto sea amable socialmente pero sin relaciones profundas. Su interés por tener una conversación íntima con alguien puede ser muy inferior a la de la persona que de niño tuvo dos o tres amigos realmente cercanos.

Complete esta frase: «Las relaciones más satisfactorias que recuerdo haber tenido de niño fueron con _____».

- adultos
- primos y tíos
- hermano o hermana mayor
- compinches (de dos a cuatro que siempre andaban juntos)
- padre
- abuelos
- hermano o hermana menor
- madre
- nadie (era un solitario social)
- un amigo realmente cercano
- el grupo «de moda»
- tres o cuatro amigos cercanos

Reflexión íntima

Si sus relaciones más satisfactorias de niño fueron con la familia y otros adultos, lo más probable es que hoy sus relaciones más satisfactorias sean con su familia y personas de más edad. Si dijo que sus relaciones más satisfactorias de niño fueron con iguales, parientes o amigos, lo más probable es que tenga muchos amigos y en realidad disfrute de las amistades. Si dijo que no tuvo ninguna relación cercana, lo más probable es que no tenga tampoco ninguna hoy. Las similitudes son llamativas.

Otra forma de pensar acerca de su patrón de relaciones es estudiar sus relaciones emocionalmente importantes. Hágase las preguntas:

- ¿La opinión de quién respecto a mí influyó más cuando era niño sobre cómo me cortaba el cabello, qué ropa llevaba y cómo veía la vida?
- Cuando estaba en tercer, cuarto o quinto grado, ¿quién influyó más en cómo me presentaba?
- ¿Quién decidía si deseaba ver una película nueva o no, y qué juguetes prefería?

Las personas que deseaba que lo aceptaran estaban moldeándolo en cuanto a quién era de niño. De adulto, puede rememorar y decir de sus iguales: «Bueno, me he olvidado de sus nombres. No fueron emocionalmente importantes. Todas mis relaciones importantes fueron con miembros de mi familia».

¿Quiénes fueron las personas con las que tuvo las relaciones más satisfactorias de niño? Téngalas presentes. Las influencias que ejercieron sus relaciones de la infancia son las principales moldeadoras de cómo ve cosas tales como autoridad y competición.

¿Fue competitivo de niño? En caso afirmativo, es competitivo de adulto. Si no fue competitivo de niño, es probable que no lo sea de adulto. Siempre que competía, ¿solía ganar o perder? Si lo usual era ganar, lo más probable es que siga siendo así hoy en una forma amistosa. Pero si solía perder, lo más probable es que en la actualidad no compita.

Es útil ir formando una perspectiva adulta de sus años de infancia para ver el papel que desempeñó la competición. Por ejemplo, si se relacionaba sobre todo con adultos para conseguir que lo apreciaran, pudo haber sido competitivo con sus iguales para conseguir la atención de esos adultos.

Un cliente me dijo: «Siempre fui el favorito del maestro, el hijo favorito de mis padres, el adulto favorito, de modo que siempre estaba haciendo cosas para ganar el favor de los adultos. Pero me distanciaba de mis iguales. Así que hoy me relaciono mucho con personas de más edad. No tengo ninguna amistad que no sea con personas de más edad».

Con frecuencia, los hermanos compiten ferozmente para conseguir el afecto y la atención de su padre. Si de muchacho compitió por el afecto de su padre, como adulto es probable que compita con sus iguales para ganarse el aprecio del líder de su equipo (jefe, gerente o supervisor).

Tenga cuidado con demasiada competencia

La realidad fría y brutal es que cuanto más competitivo sea como adulto, menos amigos cercanos tendrá. Si siempre está compitiendo con el máximo empeño, es probable que divida a las personas en dos categorías: los que pueden ganarle y los que no pueden. Los que pueden ganarle lo intimidan y a los que usted les puede ganar parecen ser inferiores a uno. Así que, ¿quién queda que pueda ser su amigo?

Si siempre se enorgulleció de ser sumamente competitivo, quizá necesite hacerse la pregunta: «En los próximos años, ¿deseo que se me vea como un competidor o desea que se me conozca como amigo?».

A veces se requiere ayuda profesional para superar su dependencia de la competitividad y para hacer que se sienta bien acerca de sí mismo. Por otro lado, si no compite con nadie por nada, o no puede resistir la competencia, esta es otra área diferente en la que necesita crecer.

14. Resolución de conflictos

¿Se ha preguntado alguna vez por qué los conflictos le producen tanto estrés y por qué tiende a mantenerlos a distancia, o quizá, por otro lado, por qué busca los conflictos?

¿Cómo vio que sus padres resolvían los conflictos? Tenderá a resolver los conflictos como adulto hoy en una forma semejante a la que sus padres utilizaron años atrás.

Uno de mis clientes, un ejecutivo muy exitoso en el mundo de los negocios, dijo: «Siempre que se presentaba un conflicto, mi padre se callaba y salía de la habitación. De hecho, ni una sola vez lo vi abordar ningún conflicto, de ningún modo. Hoy, *no sé como manejar los conflictos*».

El enfrentamiento constante entre los padres puede haber tenido un impacto sumamente perjudicial en usted de niño. Quizá diga: «Nunca quiero pelear». Como adulto evita los conflictos. O quizá viera que su padre o su madre siempre ganaban en las disputas. Lo más probable es que la pauta con la que se siente más cómodo al enfrentar sea parecida a la que vio que su mamá o papá utilizaban.

Esa pauta quizá no sea la que decidió utilizar ya de adulto, pero su primera respuesta intuitiva, automática, será abordar el conflicto como lo hacía el padre con el que se identificó más. Si lo resuelve de otro modo, es que ha aprendido en forma conciente cómo afrontarlo de otra manera.

15. Soledad

¿Se ha preguntado alguna vez por qué se siente tan solo, incluso cuando está con amigos cercanos? De hecho hay varias clases de soledad.

Soledad profesional

En su profesión está solo. Quizá tenga muchos amigos en la iglesia. Puede tener muchos amigos sociales. Pero en lo profesional, nadie está trabajando en las clases de proyectos a los que usted se dedica.

Soledad económica

Usted es la única persona que sabe que está pasando por problemas económicos, y no se lo puede decir a nadie. O quizá acaba de ganarse una bonificación sustancial, pero contárselo a los amigos los intimidaría.

Soledad espiritual

Es el único que cree lo que cree en todo un grupo de personas.

Soledad social

En esta situación piensan la mayor parte de las personas cuando dicen: «Me siento solo», queriendo decir que en esos momentos no tienen relaciones sociales.

Soledad relacional

Tiene amistades, pero no tiene a nadie con el que pueda conversar con toda apertura.

Así que, pregúntese: «Si me siento solo, ¿qué clase de soledad siento?».

16. Suposiciones

¿Se ha preguntado alguna vez por qué le resulta tan difícil ver con objetividad y ojos de adulto el papel que desempeñaron sus padres en su infancia? De niño quizá aceptó una de las cinco suposiciones emocionalmente peligrosas que todavía siguen hiriéndole hoy.

Un supuesto es lo que creemos que es verdad, lo sea o no de hecho. En algunos casos sus supuestos son verdaderos y en algunos casos no lo son. En ambos casos, basamos nuestro comportamiento en ellos.

Suposición peligrosa 1: Mis padres son perfectos; por tanto, yo debo ser el problema

He conocido a muchos ejecutivos, hombres y mujeres, que de niños asumieron que sus padres eran perfectos. Si su padre era alcohólico y siempre que estaba en la casa le gritaba a usted y a su madre y los golpeaba, pero asumía que era perfecto, sentirá que tuvo que hacer algo que causara el problema. Este supuesto es peligroso porque de adulto, llega a la conclusión de que ningún padre fue siempre perfecto.

Algunos padres no estaban dotados para ser padres juiciosos, amorosos y equilibrados. La mayor parte de los padres eran adolescentes en cuerpos biológicamente de adultos tratando de hacer lo mejor que sabían en cada momento en el trato con los hijos.

Pero si el hijo asume que sus padres eran perfectos y el hijo es imperfecto, echa sobre sí la responsabilidad por todos los problemas.

Es comprensible este supuesto desde la perspectiva de un niño.

Si ese era su punto de vista como niño, como adulto preferirá en forma conciente adoptar un punto de vista realista respecto a sus padres, verlos tal como de hecho eran. A menudo ayuda llamar mentalmente a sus padres por su nombre. Sus padres no son perfectos. Pueden haber sido inadecuados como padres. Pueden haber tenido problemas graves con los que se enfrentaban en esa época.

Suposición peligrosa 2: Mamá y papá son emocionalmente adultos juiciosos, equilibrados y maduros

Sus padres pueden haber tenido de tres a trece años de edad en lo emocional en la época en que usted cursaba la secundaria.

Nunca olvidaré la conversación que sostuve con un cliente, que dijo:

—Mi papá nunca me ayudó. En secundaria le pregunté sobre las muchachas, y nunca me ayudó. En la universidad le pregunté por las especialidades, y nunca me ayudó.

Le dije:

—Cuénteme de su papá.

Me respondió:

—Bueno, cuando tenía ocho años, murió su madre.

—No siga. ¿Con qué frecuencia ve a su papá?

Me dijo:

—Bueno, lo voy a ver la semana próxima.

—¿Cuántos años tiene su padre?

—Sesenta y siete años.

Le dije:

—Usted tiene un hijo de ocho años, ¿no es cierto?

—Sí.

Le dije:

—Cuando vea a su padre la semana próxima, llámelo papá. Pero trátelo como a alguien que tiene emocionalmente ocho años y a ver qué sucede. Si no funciona, si no parece responder, no lo vuelva a hacer. Pero trátelo como alguien emocionalmente de ocho años.

Dos semanas más tarde regresó y me dijo:

—Bobb, no me va a creer. Les pedí a mi hijo y a mi padre: «¿Quieren ir conmigo al supermercado?». Ambos respondieron al mismo tiempo: «Sí, ¿podemos?». Los llevé al supermercado, y se comportaron como dos niños pequeños. Nunca me lo había pasado tan bien con mi padre. Tuve un nivel adecuado de expectativas, de un niño de ocho años en lo emocional, y se mostró muy feliz.

Entonces lo animé a dar el paso lógico siguiente.

—Imagine que un adolescente va donde su hijo de ocho años y le pregunta: «Hola, ¿cómo debería tratar a las muchachas? ¿Qué me puedes decir de ese asunto del sexo?». ¿Qué le diría su hijo con ocho años de edad?

—Bueno, no sé. No podría ayudar al adolescente, ¿verdad?

—¿Y qué ocurriría si un universitario llegara donde su hijo de ocho años y le dijera: «Hola, ¿qué especialidad debería escoger?». Su hijo de ocho años lo miraría como diciendo: «No lo sé. ¿Por qué me está preguntando a mí?». Así fue como su papá lo miró.

Suponer que su padre y madre eran adultos emocionalmente maduros puede ser un supuesto emocional peligroso. Quizá su padre tenía diez años en lo emocional, y para cuando usted llegó a secundaria, ya era mayor que él en lo emocional. Por tanto, no asuma que su padre y su madre fueran adultos maduros. Pueden haberlo sido, pero pueden también no haberlo sido.

Suposición peligrosa 3: Todos son como yo

No todos son como usted:

- Puede ser original en su creatividad, pero otros pueden ser adaptadores en la suya
- Le pueden gustar siempre proyectos nuevos, pero otros pueden preferir proyectos de bajo riesgo no nuevos
- Puede querer ser el capitán en todo, pero otros pueden no querer ser capitanes de nada

No todos son como usted porque así lo quieren. Suponer que las demás personas son como usted es peligroso.

Suposición peligrosa 4: Cuando sea mayor, voy a ser como mamá y papá

Cuando llegue a ser mayor, puede que sea muy diferente de cualquiera de sus dos padres o de ambos. Quizá les gusta (lo que a usted le parece como) un nivel sumamente aburrido de rutina; usted quizá necesita y desea siempre un nuevo reto y cambio. Ellos quizá necesiten mucho que todo esté bajo control; usted quizá se emocione solo cuando las cosas parecen estar casi fuera de control. Ellos pueden ser creativos adaptadores; usted ser creativo original.

Suposición peligrosa 5: Si no agrado a mamá y a papá, soy un fracaso.

Bueno, esto no es así por necesidad. Ellos pueden haber deseado algo para usted que era malo para usted; pueden haber deseado algo para usted que deseaban para sí y se lo impusieron, pero nunca logró quedarles bien. Solo porque su papá fue un agricultor exitoso y usted es un artista no significa que sea un fracaso.

17. Seres queridos difuntos

¿Se ha preguntado alguna vez por qué uno de sus progenitores, ya difunto sigue teniendo tanto control sobre su persona y su comportamiento, para bien o para mal?

A algunos de nosotros nos han influido, apoyado, estimulado y querido personas que han fallecido. Y nunca dijimos: «Gracias».

No hay nada que nos impida llevar flores, sentarse junto al sepulcro y sostener una larga conversación. Desde luego que no estoy sugiriendo que trate de hablar con el espíritu de la persona ni nada parecido. Solo simule que la persona está ahí y dígale en voz alta que ha llegado a verla como adulto. Puede expresar sentimientos de aprecio que habría manifestado de haber estado la persona todavía viva para oírlo.

Expresar estas ideas (positivas o negativas) puede ser una experiencia que libera. No tenga miedo a las lágrimas.

Hace poco tiempo, un cliente llevó a su padre a la tumba de una pareja que lo había criado de niño. El padre no podía recordar haberles dado nunca las gracias. La última vez que los había visto había sido cincuenta años atrás. Cuando fue a su tumba, llevó flores, conversó con ellos por más de dos horas, en medio de muchas lágrimas. Manifestó cuánto valoraba que aunque no habían sido sus padres, habían sido los únicos que recordaba que le brindaron un amor tan incondicional. La experiencia liberó, resolvió, curó, salvó, suavizó y sanó algo en lo más profundo de su ser que quizá no hubiera podido sanar de ninguna otra forma.

Así que, si tienen una tía, tío, abuelo o alguien de la época de su infancia que haya fallecido, piense de verdad en llevar flores a su tumba y en sentarse a hablar para recordar su memoria. Este proceso también puede ayudar a eliminar el dolor emocional de algunos conflictos que tuvo con sus padres que nunca se pudieron resolver en otras formas.

18. Su nombre

¿Se ha preguntado alguna vez por qué anhela oír su nombre dicho en voz alta?

Algunas personas anhelan con vehemencia oír sus nombres dichos en voz alta.

Estuve en la fiesta de cumpleaños de un amigo. No recuerdo qué le dio pie, pero la esposa se volvió airada hacia su marido y le preguntó: «¿Por qué nunca dices mi nombre? ¿Es demasiado pedirte que digas mi nombre? ¿Podrías, por favor, decir mi nombre al menos una vez?».

La mayoría de los invitados se quedaron horrorizados, preguntándose en silencio: «¿A qué se debe todo esto?». Yo sabía a qué se debía.

La persona que se ha sentido ignorada de niño necesita y anhela desesperadamente oír su nombre dicho en voz alta. El instante en que se menciona su nombre en voz alta, la persona sabe que el que habla se está centrando por completo en ella. Cuando se menciona el nombre en voz alta, en ese momento ya no es ignorada.

Así que, siempre que sienta que hay personas que en su infancia fueron ignoradas y necesitan atención ya de adultas, llámelas por su nombre lo más que pueda. Anhelan, necesitan, oír el nombre y de este modo que los afirmen.

19. Temor a llegar a ser como su padre o madre

¿Se ha preguntado alguna vez por qué le teme tanto a llegar a ser como su mamá o papá y qué puede hacer para evitarlo?

Revisar cuál es la realidad

No es como su padre o madre. Ha tenido:
- padres diferentes
- modelos diferentes cuando crecía
- hogares diferentes
- tías y tíos diferentes
- décadas diferentes en las que fue creciendo
- amigos diferentes que influyeron en usted
- escuelas y maestros diferentes
- oportunidades diferentes para crecer
- cónyuge diferente
- situaciones económicas diferentes

¡Y estas son solo algunas de las diferencias!

Haga su propia lista, lo más completa posible, de las diferencias entre usted y sus padres a modo de recordatorio y consuelo en puntos claves.

Centrarse en las fortalezas de sus padres

Tenga cuidado de no centrarse en las debilidades que desea evitar. Puede pedir a parientes, abuelos, tías y tíos y amigos que lo ayuden a elaborar dicha lista de fortalezas de cada padre. Quizá los está viendo solo con ojos negativos.

Escoger un nuevo modelo cabal de vida adulta

Escoja a alguien a quien quiera parecerse; observe a la persona con mucha atención. Evite fijarse solo en su padre o madre, centrándose en lo que no quiere llegar a ser.

Arriesgarse

Admita con sinceridad ante su cónyuge su temor de llegar a ser «solo como mamá o papá». Incorpore a su cónyuge al proceso de ayudarlo a superar el modelo de sus padres. Inste a su cónyuge a no utilizar esta nueva información como un arma decisiva cuando discutan, diciendo, por ejemplo: «¡Eres igual que tu mamá (o papá)!».

Pedir a un mentor o a un amigo que lo ayude

Alguien que no sea de la familia, puede ofrecer una perspectiva especial sobre la situación. Y en muchos casos, un mentor o amigo puede ser un modelo cabal para usted.

Estudiar las razones del comportamiento de sus padres

Es más fácil eliminar el temor de llegar a ser como alguien si se comprende cómo la persona llegó a ser lo que es. Entreviste a sus abuelos, tías, tíos y amigos. ¿Cómo veían (o ven) a su padre o madre? Pídale a su padre o madre que lea este libro, y luego converse sobre la situación de adulto a adulto.

Reconocer que algunos modelos cabales ya han contribuido a su desarrollo personal

Podría dar el paso adicional de buscarlos para darles las gracias por su influencia positiva en su vida.

En su mente, llamar a sus padres por su nombre

Esto ayuda a verlos siempre con ojos de adulto. ¡Tiene la oportunidad de adecuar las expectativas respecto a su padre o madre como persona, no solo como padre o madre!

Desarrollar una imagen totalmente diferente de la de su padre o madre

Esfuércese en desarrollar de manera conciente una imagen propia de sí mismo:

- Vista en forma diferente
- Péinese de manera diferente
- Viva en un lugar diferente
- Trabaje en algo diferente
- Vaya a una iglesia diferente
- Hágase miembro de un club diferente

Buscar ayuda profesional

Si siente que está perdiendo terreno y que se está volviendo más como uno de sus padres, en especial si el modelo incluye comportamiento inmoral, ilegal o no ético, busque ayuda profesional. (En el Apéndice 2 se pueden encontrar directrices sobre cómo decidir paras escoger un centro de tratamiento).

20. Tapones emocionales

¿Se ha preguntado alguna vez por qué le resulta tan difícil sentirse como un adulto maduro? ¿Se ha sentido alguna vez que era incapaz de una relación de adulto a adulto?

Digamos que su madre murió cuando tenía apenas ocho años, y que la experiencia fue traumática. En realidad, desde que tenía ocho años no ha manifestado cómo se sintió acerca de cosas. ¿Cómo se logra contar esas cosas a personas? ¿Cómo se puede superar la barrera de los ocho años?

¿Cómo le quita los tapones al desarrollo emocional? La única forma de hacerlo que he visto es entrar en una relación con alguien que está convencido que lo quiere sin condiciones. Entonces se retrocede y se vive la experiencia emocional de lo que vivió a esa edad, ya fuera rabia o temor o ansiedad. Viva la experiencia como si tuviera siete u ocho años, sabiendo que esta persona sigue amándolo y aceptándolo. Casi de inmediato se siente con un año o dos más a nivel emocional. Luego llega a nueve o diez. El problema es que si sufrió traumas a los ocho años y los resuelve, va a tener que procesar los traumas por los que pasó a los nueve, diez, once y más años. Básicamente, tendrá que seguir procesando traumas a lo largo de cada año hasta que alcance a nivel emocional la misma edad que la que tiene a nivel físico.

21. Valores familiares tácitos

¿Se ha preguntado alguna vez por qué tiende a ver tantas cosas en la forma en que lo hacían sus padres, incluso asuntos de los que nunca se habló en forma abierta?

¿Cuál fue el valor familiar más importante tácito en su casa cuando era niño, hacerse rico, ser popular o no confiar en nadie? Hay unas cuantas áreas concretas en las que los valores familiares tácitos de sus padres han influido en su comportamiento como adulto en formas significativas:

- cómo muestra afecto
- cómo ve a la autoridad
- cómo soluciona conflictos
- cómo percibe la comida

- cómo entiende los papeles de hombre y de mujer
- cómo ve el dinero
- cuánto lo mueve el desempeño
- cómo ve las reuniones sociales y la diversión
- cómo ve el trabajo como adulto
- cómo ve al país en el que vive y sus responsabilidades cívicas

Apéndice 2

Centros de tratamiento: Preguntas que deben plantearse antes de decidir

Hacer las preguntas correctas y tomar la mejor decisión posible en cuanto a un centro de tratamiento puede marcar la diferencia entre comenzar una vida nueva de libertad emocional o seguir esclavo de dolor personal.

¿Ha recibido la institución la acreditación de parte de la comisión que regula las organizaciones sanitarias?

La acreditación que otorga dicha organización significa que el centro funciona de acuerdo con los estándares de calidad que aceptan la mayor parte de los hospitales y organizaciones de salud en el país. Si no se tiene dicha acreditación, puede muy bien suceder que ningún seguro cubra el costo del tratamiento y que pueden ser deficientes los estándares de atención.

Nota: Esta sección se ha adaptado del artículo de Stephen Arterburn en *The Question Book* (Nashville: Thomas Nelson, Oliver Nelson, 1993).

¿Cuánto cuesta el programa?

Algunos programas cobran una tarifa que lo incluye todo, y otros cobran por día. Asegúrese de estar informado del costo total esperado. Los honorarios del doctor son aparte de los del hospital, por lo que es mejor que el personal pormenorice los rubros.

¿Cubre mi seguro el costo del cuidado?

Con frecuencia los programas están cubiertos por el seguro, pero no todos los seguros. Es preciso informar al programa del número de su seguro colectivo de manera que los administradores puedan verificar su cobertura específica.

¿Qué debería hacer si mi seguro no cubre el tratamiento?

Si su seguro no cubre el tratamiento de esa institución, tiene que decidir si pagará por dicho tratamiento de su propio bolsillo o escogerá una institución en la que el seguro aprobaría el pago. ¿Es el tratamiento lo bastante importante para su vida como para sacrificarse y pagar por el mismo de su propio bolsillo?

¿Tiene el nombre de alguien que haya participado en el programa y al que pudiera llamar?

La llamada más vital podría ser esta. Una persona que haya recibido el tratamiento en el programa demuestra si el programa es o no serio y tiene elevados estándares de calidad. Proverbios 20:18 nos dice que las personas sabias se aconsejan bien. Pedir a alguien que haya participado en el programa acerca de la calidad de la atención es el mejor consejo que se puede conseguir.

¿Quién respalda el programa?

Si otros profesionales de salud mental refieren a este programa, podría llamar a alguno de ellos para ver si lo respaldan. Sin embargo, que le den a uno un nombre famoso de alguien que tiene buena opinión del programa podría significar muy poco. Esta persona puede estar recibiendo algún pago por respaldarlo. Busque a quienes han trabajado con el equipo de tratamiento que responden de la calidad de la atención que se recibe en el mismo.

¿Cuáles son los valores de los gestores del programa?

Lo último que querrá hacer es ingresar a un programa que vaya en contra de sus valores. Cuando las personas acuden a los New Life Treatment Centers, saben que nuestro programa será coherente con los valores judeo-cristianos conservadores. Si es cristiano y lo incorporan a un programa secular, es posible que puedan ver su fe como parte del problema. Encuentre un programa que incorpore todos los aspectos de una fe sana.

¿Se ofrecen grupos de doce pasos?

Los programas de doce pasos, tales como Alcohólicos Anónimos, son indispensables si se quiere lograr una recuperación a largo plazo. Si una institución no le ofrece esta clase de grupo, le estaría privando de un apoyo sin costo alguno que se consigue en todo el mundo. Si las personas comienzan a trabajar con los doce pasos durante su tratamiento, parecen aceptar más responsabilidad por su recuperación, y se vuelven menos dependientes del terapeuta en el curso de los años.

¿Debería pensar en un tratamiento como paciente hospitalizado?

El tratamiento en un hospital con personal médico completo, incluyendo doctores, enfermeras y un equipo de profesionales en trabajo social, consejería y psicología, es el tratamiento más completo y es el entorno más protector. Permanecería en la institución durante todo el tratamiento.

¿Es más apropiado el tratamiento como residente?

Este tratamiento implica un nivel inferior de atención al de un hospital y un entorno menos restrictivo. Cuando el seguro cubre esta clase de tratamiento, es mucho menos costoso que la atención como paciente hospitalizado. Permanecería en la institución durante el tratamiento.

¿Sería mejor para mí el tratamiento de día?

Esto se conoce también como hospitalización parcial. En este programa se ofrecen todos los servicios propios del paciente hospitalizado, excepto que se regresa a la casa por la noche para estar con la familia.

¿Es una opción una casa de transición?

Una casa de rehabilitación puede ser una muy buena transición para dejar atrás el tratamiento o una alternativa de menor costo. Viviría en la casa, trabajaría durante el día, y asistiría a grupos de apoyo por las noches.

¿Sería preferible la atención ambulatoria?

Participaría en de dos a tres horas de un programa, de ordinario por las noches, y seguiría viviendo en la casa y trabajando.

¿Utiliza el programa un enfoque de equipo?

El enfoque de equipo garantiza que dispondrá de varios consejeros y terapeutas que trabajarán en el caso. No se permitirá que ningún sesgo profesional dicte la clase de terapia que se aplique.

¿En qué forma se involucra la familia?

El tratamiento que no involucra a toda la familia vale poco. Los problemas no se presentan de manera aislada. Son el resultado de un sistema familiar enfermizo que debe cambiarse en su totalidad y no un miembro por vez. Sin la participación de la familia, todos los avances logrados en el programa podrían destruirse debido a una familia enfermiza.

¿Obtendré la atención personal requerida para que el tratamiento sea efectivo?

Algunos administradores de programas le dirán que las sesiones individuales no son importantes para una atención de calidad. Esta afirmación se puede deber a que la cantidad de personal en comparación con la cantidad de clientes es insuficiente, lo cual no permitirá incluir sesiones individuales. Debe descubrir si el programa en el que está pensando ofrece terapia individual para todos los clientes casi a diario. Si la proporción entre personal y clientes es baja, también lo será la calidad de la atención.

¿Puedo ver las instalaciones?

Ninguna llamada telefónica puede reemplazar el valor de una visita a la institución, para ver de primera mano qué aspecto tiene y experimentar cómo se siente el entorno.

Pregúntese, ¿mantienen en buen estado el Centro de Tratamiento?

La primera indicación de un compromiso con atención de calidad es unas instalaciones limpias y en buen estado. No tiene que ser el edificio más nuevo y grande, pero su confianza en el programa debería reforzarse debido al aspecto externo y al mantenimiento interior.

¿He tomado en cuenta, al escoger un programa, servicios equivocados?

Algunos programas ofrecerán equitación, natación, golf y otras opciones parecidas. Estas cosas no hacen que las personas sanen, solo que se sientan más cómodas. Si hay demasiadas distracciones que no tienen que ver con los problemas que se enfrentan, el tratamiento puede convertirse en una pérdida de tiempo.

Stephen Arterburn ha dedicado toda su vida profesional a trabajar en y dirigir centros de tratamiento para problemas de adicción y emocionales. En 1988 fundó el New Life Treatment Centers, que ofrece programas en todos los Estados Unidos de América. Tiene títulos universitarios de la Universidad Baylor y de la Universidad de North Texas, así como dos doctorados honorarios que le concedió la California Graduate School of Theology.

Apéndice 3

Ayudas para ganar
Recursos adicionales probados en el campo

Basta de fijar metas si lo que prefiere es resolver problemas

¿No le gusta para nada fijar metas… o conoce a alguien a quien no le gusta?

¡Entonces este libro es para usted! La reacción más común ante este libro es: «¡Ya no me sigo sintiendo como un ciudadano de segunda clase!». ¡Este sencillo cambio de paradigma ha liberado ya de por vida a miles de lectores!

Como líder de equipo, puede disminuir las tensiones del grupo y, al mismo tiempo, aumentar de modo significativo el espíritu de equipo si presenta esta sencilla idea en la siguiente reunión del personal.

Building Your First Church Building… Successfully!
[Disponible solo en inglés] Joe Kimbel
Hagan uso de su experiencia antes de construir

Joe Kimbel tiene más de 40 años de experiencia en el diseño y construcción de iglesias y ha participado en construir más de 1.200 edificios de iglesias. Ha sido pastor de varias iglesias y ha sido superintendente de distrito.

Joe los conduce por un proceso paso a paso de construir un edificio para la iglesia. Comparte anécdotas, ilustraciones, normas básicas, advertencias y estímulos que esperaríamos de un padre amoroso o de un asesor dedicado.

Sin importar lo que hagan, si están a punto de construir, en especial si se sienten algo vacilantes, ¡CONSÍGANSE ESTE LIBRO!

Cápsulas de sabiduría
Fortalézcanse usted y su equipo con 101 principios perdurables

Usted puede beneficiarse de los más de treinta años en el liderazgo de Bobb Biehl mediante la lectura una y otra vez de estas ciento una cápsulas de liderazgo de todos los tiempos. En este libro encontrará literalmente cientos de perspectivas muy sencillas de liderazgo. Al llevarlas consigo y examinarlas, pronto descubrirá que tanto usted como su equipo son cada vez más fuertes a medida que hacen suyas esta visión.

Career Change / LifeWork [Disponible solo en inglés]
30 preguntas a formular antes de hacer un cambio importante de carrera

¿Es su puesto actual «solo un trabajo más», un «paso más en su carrera» o «el trabajo para toda la vida»?

Esta serie de 30 preguntas resultan útiles cada vez que uno piensa acerca de la posibilidad de cambiar de trabajo. Si se siente incierto, estas ideas profundas en su sencillez pueden ayudarle. Usted también puede ayudar a sus amigos en transición. Usted les entrega las treinta preguntas; quizás se demoren horas en responder, pero regresarán con respuestas bien pensadas. Estas preguntas ahorran horas en el proceso de toma de decisiones.

Dream Energy [Disponible solo en inglés]
¿Tienen toda la energía natural que les gustaría tener?

Hay muchas formas de energía: solar, cafeína, social, eléctrica, etc. Una de las formas de energía más poderosas es la ¡ENERGÍA QUE DA EL SUEÑO!

Con un sueño tranquilo, levantarse temprano, trabajando con intensidad todo el día, y acostarse temprano es «fácil». Sin un sueño tranquilo, tendemos a dormir lo más tarde posible, arrastrándonos durante todo el día, y cayendo en la cama lo antes posible. Este nuevo libro nos ayuda a definir el sueño de la vida y como resultado nos proporciona un mayor incremento en el monto de nuestra ¡ENERGÍA QUE DA EL SUEÑO!

Al mismo tiempo, un equipo sin un sueño no es un equipo... es un grupo de personas con el «mismo uniforme». Hace falta un sueño para que cualquier equipo avance más allá de búsquedas egoístas para unirse con el fin de convertir en realidad el sueño de un equipo.

The Effective Board Member [Disponible solo en inglés]
Bobb Biehl y Ted W. Engstrom

Este libro convierte la ansiedad, confusión y frustración en ¡CONFIANZA EN LA SALA DE JUNTAS!

¿Han deseado alguna vez poder sentarse a conversar con un asesor que los ayudare a sentirse más seguros y eficaces en el puesto que ocupan en la junta?

En *The Effective Board Member*, tienen ahora a disposición dos veteranos en juntas (con una experiencia combinada en más de cien juntas) ¡deseosos de ayudarlos! Este libro es sumamente útil si:

- están tratando de escoger miembros adecuados para la junta
- servir en una junta
- necesitan hacer presentaciones en juntas
- están tratando de decidir si aceptar o no un puesto en una junta
- son nuevos en una junta
- han sido miembros de una junta por mucho tiempo, pero nunca han recibido una capacitación formal para ello

Se ofrecen descuentos por compra de cantidades de manera que cada miembro de la junta pueda disponer de su propio ejemplar.

Event Planning Checklist [Disponible solo en inglés]
Ed Trenner

Esta exhaustiva LISTA DE COMPROBACIÓN DE 300 PUNTOS puede reducir su tiempo de planificación a la mitad, sobre todo si son nuevos en «eventos especiales».

Esta lista de comprobación fue elaborada para quienes disfrutan mucho con la precisión y para quienes todavía no la han vivido. La lista de comprobación de 300 puntos ayuda a no pasar por alto ninguna pregunta obvia y «estrellarse» en el evento. Práctico, comprobado, fácil de usar.

Every Child Is a Winner! *[Disponible solo en inglés]*
Bobb Biehl y Caz McCaslin. 270.000 ejemplares impresos
Niños sanos llegan a ser adultos sanos.

Cat McCaslin fundó Upward Ministry, ministerio que ha enseñado a centenares de miles de niños a jugar baloncesto. Está convencido de que ¡todos los niños SON ganadores! Este libro contiene la sabiduría, el práctico «cómo» e ideas que ha aprendido el equipo de Upward a lo largo de los años para ayudar a los padres a saber cómo criar niños sanos.

Focusing By Asking *[Disponible solo en inglés]*
En formato CD

Preguntas profundas que han ayudado a millares de personas, de todos los ámbitos de la vida, en todos los niveles de liderazgo, a centrar sus vidas y equipos. Esta serie está estructurada en pistas de cinco minutos, que abarcan los siguientes 10 elementos críticos del liderazgo.

ENFOQUE PERSONAL
Mantenerse CENTRADO
Mantenerse CONFIADO
Mantenerse EQUILIBRADO
Mantenerse MOTIVADO
Mantenerse ORGANIZADO

ENFOQUE DE EQUIPO
Dominar EL HACER PREGUNTAS
Dominar LA COMUNICACIÓN
Dominar EL LIDERAZGO
Dominar LA MOTIVACIÓN
Dominar LA PLANIFICACIÓN

Siempre que necesiten ver cosas focalizadas con claridad, recuerden insertar este CD o casete.

Fourth Grade [Disponible solo en inglés]
El año que moldea más la existencia del ser humano

Esta grabación se creó para todo el que se interesa por los alumnos de cuarto grado, o para todo el que tiene hijos de menos edad que pronto estarán en cuarto grado.

- Directores de educación cristiana
- Maestros de escuela dominical elemental
- Maestros de escuela elemental
- Abuelos
- Los que tienen la escuela en la casa
- Entrenadores de la Liga Pequeña
- Psicólogos y otros consejeros
- Pastores principales

En este video aprenderán por qué el cuarto grado es tan sumamente moldeador, cómo aprovechar esta ventana muy estrecha de oportunidad con nuestros alumnos de cuarto grado, y cómo evitar daños graves en este período tan impresionable de la vida.

Entenderán cómo por lo menos el 10% de las «zonas de seguridad» de su liderazgo se generaron en el cuarto grado y cómo utilizar esta información ¡para ayudarlos a encontrar un papel en la vida en el que «encajen»!

Es imposible exagerar la importancia de esta grabación si tratamos con alumnos de cuarto grado, y es también un regalo ideal para cualquier persona que conozcamos que lo hace, incluyendo a cualquier profesional de la lista mencionada antes que tenga una gran influencia en moldear a nuestro alumno de cuarto grado.

Growing Servant Leader [Disponible solo en inglés]
Bobb Biehl y David Shibley

David Shibley habla a decenas de miles de líderes en todo el mundo. Millares más escuchan su programa diario de radio. Solo este año, Global Advance, el ministerio misionero que fundó, capacitará a más de veinticinco mil pastores nacionales en unos quince países. Juntos, David Shibley y Bobb Biehl tienen más de sesenta años de experiencia ministerial.

Pueden enseñar este esquema (agregar historias propias, experiencias de vida, etc.) de persona a persona o también en grupo. Por el resto de su vida, este minicurso ofrece un esquema básico para ayudarlos a enseñar liderazgo a aquellos ante quienes tienen influencia. Es sumamente sencillo y sensible para todo el que enseña en situaciones transculturales.

Instrucciones para la Flecha del Plan Maestro

Instrucciones para la Flecha del Plan Maestro (24" x 36") los ayuda y ayuda a su equipo a ver con rapidez:

> EL «CUADRO GENERAL» .. cuando se están ahogando
> en detalles.
> EL «BOSQUE» ..cuando se sienten perdidos en medio de
> los árboles.
> LA «SINFONÍA» .. no solo algunas notas.

La Flecha del Plan Maestro les enseña a definir en forma rápida la dirección de cualquier organización, división, departamento, o un proyecto importante que hayan liderado hacia alguna meta, en cualquier tiempo, por el resto de su vida. La Flecha incluye ahora en el anverso instrucciones paso a paso fáciles de seguir, incluso si no compran el libro ni la serie de grabaciones.

Lidere con seguridad

Unas 4.000 personas han completado 30 Day to Competent Leadership (llamado antes Leadership Confidence). Ahora disponible en español *Lidere con seguridad*. Una inversión sabia, comprobada, en su propio futuro, este libro es una referencia para un liderazgo de toda la vida que abarca 30 áreas de liderazgo, incluyendo:

- CÓMO HACER FRENTE A cambios, depresiones, fracasos, cansancios, presiones.
- CÓMO LLEGAR A SER MÁS atractivos, equilibrados, seguros, creativos, disciplinados, motivados.
- CÓMO DESARROLLAR DESTREZAS EN preguntar, soñar, definir metas, priorizar, arriesgar, influir, gestionar el dinero, organización personal, resolver problemas, tomar decisiones, comunicar.
- CÓMO LLEGAR A SER MÁS EFICACES EN delegar, despedir, informar, desarrollar equipo, desarrollar personas, reclutar, elaborar planes maestros, motivar.

Memories Book [Disponible solo en inglés]

¿Están todavía vivos sus padres, abuelos, tíos y tías favoritos o mentores. Entonces Memories es un regalo ideal. Las memorias escritas se convierten en reliquias de la familia para los hijos de sus hijos y con seguridad se convierten en invaluables a medida que pasa el tiempo.

Memories contiene más de 500 preguntas que refrescan la memoria para ayudar a que nuestros seres queridos vuelvan a vivir y escribir acerca de los hitos de sus vidas. Es un hermoso libro en forma de álbum con cubiertas acolchonadas y una encuadernación que se abre en su totalidad para que resulte fácil escribir.

Memories también es ¡un regalo «boomerang»! Se regala a un ser querido este año, esta persona agrega sus memorias en los siguientes de 1 a 50 años, luego se lo devuelve como reliquia para los hijos de sus hijos.

El mentor
Cómo encontrar un mentor y ser uno

La relación con un mentor es fácil que añada a cualquier persona sentir como un adicional de 30 a 50% de VITALIDAD EN LA VIDA Y EL LIDERAZGO. Sin un mentor, la persona a menudo se siente debilitada, como si no estuviera viviendo todo su verdadero potencial.

Este poderoso recurso ofrece pasos muy útiles para desarrollar una relación con un mentor y responde a preguntas prácticas sobre su papel con respuestas refrendadas.

Mid-life Storm [Disponible solo en inglés]
Evitar una «crisis de los cuarenta»

Este libro lleno de esperanza contiene un «Mapa de los cuarenta» diáfano, que ayuda a guiarlos con éxito por entre los años muy peligrosos de los cuarenta.

Solo porque ustedes o sus cónyuges comienzan a hacer unas pocas preguntas en torno a los cuarenta, no quiere decir en forma automática que estén experimentando la temida «crisis de los cuarenta». Hay tres fases totalmente diferentes en los cuarenta:

- Reevaluación a los cuarenta
- Crisis de los cuarenta
- Salirse de los cuarenta

Este libro trata de cada una de las tres fases con instrucciones específicas paso a paso acerca de cómo evitar el dolor y confusión de una crisis de los cuarenta, o, si han entrado en ella, cómo salirse para continuar con el resto de su vida.

On My Own [Disponible solo en inglés]
Un regalo ideal para la graduación

Muchos adultos han dicho que desearían que sus padres les hubieran enseñado estos principios antes de que se independizaran. Los padres, al igual que los estudiantes, sacan provecho de estos principios tan fundamentales del liderazgo.

Si se han ido preocupando cada vez más acerca de la preparación de su estudiante de secundaria o universidad para hacer frente al «mundo real», este libro ha sido escrito para su hijo o hija.

Estos principios pasarán a formar parte de la vida de su hijo o hija por el resto de sus días. Y pueden transmitírselos a los hijos de sus hijos.

Pastoral Search Process [Disponible solo en inglés]
Un proceso de búsqueda paso a paso

Son 18 principios que pueden ayudarlos a encontrar exactamente al PASTOR PRINCIPAL, PASTOR ASOCIADO, LÍDER DEL CULTO, DIRECTOR DE JÓVENES o empleados que necesitan. Puede también ahorrarles literalmente miles de dólares y muchos años para tratar de corregir un solo error en la contratación.

Al tratar de contratar, este proceso vale su «peso en oro». Nadie puede garantizar de manera absoluta que escogerá a la persona adecuada, pero este método sistemático hace que las probabilidades estén a su favor. Cuaderno de tres anillas/casetes de audio.

Perfil del equipo: «¡Ahora veo con claridad lo que debo ser!»
«¿Qué lo hace «conectar»?». «¿Qué lo emociona?». «¿Qué lo consume?».

El Perfil del equipo es una forma refrendada (7ª edición – 18° tiraje desde 1980) de entenderse mejor a sí mismo. En lenguaje sencillo, le permite decirle a su cónyuge, a sus amigos o a sus colegas lo que lo «emociona». El Perfil del equipo aclara qué desea uno hacer en realidad, no lo que uno tiene que hacer, ha hecho con mayor frecuencia, o piensa que otros esperan de uno. Es la clave para entender la realización personal y es una forma asequible de desarrollar la unidad sólida del equipo al predecir la química del equipo. Este inventario sumamente sencillo, que permite calificarse a uno mismo, y a interpretarse, es la clave para escoger a la persona adecuada para el puesto adecuado, con lo cual ayuda a evitar errores costosos a la hora de contratar.

Planifique con estrategia: Hoja de trabajo
(11" x 17")

Un método rápido, sistemático y gradual para pensar en una estrategia sólida para tener éxito en cada una de las metas. Se utilizan estas hojas para pedir a cada empleado que redacte una estrategia para convertir cada meta principal en un plan realista. Las Hojas de trabajo para estrategias lo ayudan a identificar problemas en la forma de pensar y la estrategia básica antes de que estos problemas se conviertan en costosos. Incluye 24 hojas para utilizarlas con el equipo.

Planifique con maestría: Su negocio, iglesia u organización

Esta serie presenta el mismo recorrido que el Masterplanning Group ha ido ajustando en la práctica diaria de consultoría por más de 25 años para ayudar a clientes a elaborar un Plan Maestro.

EL PROCESO SE HA UTILIZADO CON ÉXITO:
Desde organizaciones familiares hasta un personal de millares.
Desde presupuestos de arranque a centenares de millones al año.
Desde iglesias locales hasta organizaciones internacionales
en más de 100 países.
Desde pequeñas iglesias locales (50) a iglesias grandes de una
zona (4.000+).
Desde personas sin experiencia en negocios hasta individuos
con maestrías en administración de Harvard.

SÍNTOMAS PREDECIBLES SIN UN PLAN MAESTRO
Un Plan Maestro se puede comparar con una partitura musical para una orquesta sinfónica. «A no ser que todos toquen la misma partitura, el resultado no será agradable al oído». Sin un Plan Maestro, se puede esperar lo siguiente:

1.   COMUNICACIONES DIRECCIONALES (internas y externas) confusas.

2.   Se generan FRUSTRACIÓN, TENSIÓN y PRESIÓN debido a supuestos que difieren.

3.   SE POSPONE LA TOMA DE DECISIONES debido a que no se dispone de un MARCO DE REFERENCIA para decisiones claras.

4.   SE DESPERDICIAN ENERGÍA y RECURSOS porque los sistemas básicos no están elaborados con claridad.

5.   La FINANCIACIÓN es INADECUADA debido a la falta de comunicación coherente a los miembros seguidores de la organización.

6.   La ORGANIZACIÓN SUFRE debido a que las energías creativas se gastan apagando fuegos.

Es útil disponer de un Plan Maestro.

Pre-Marriage: Getting to "Really Know" Your Life-Mate-To-Be [Disponible solo en inglés]
Preguntas prematrimoniales

Estas son las preguntas sinceras que nos hacemos antes de decir «Sí, quiero» para asegurarnos de que esta sea la persona adecuada para uno. Resulta difícil acabar con una relación, pero es mucho mejor romper un compromiso… que un matrimonio. La mayor parte de las parejas encuentran que tienen mucho más en común que lo que ni siquiera pensaban. El puñado de desacuerdos importantes puede conversarse antes del matrimonio para ver si son diferencias básicas que son «rompedoras de compromiso» o si son solo diferencias incómodas.

Si tienen alguna duda acerca de su próximo matrimonio, y quieren asegurarse de que esta sea la persona ideal, este libro puede ayudar. Un regalo prematrimonial muy apropiado para un amigo.

Presidential Profile [Disponible solo en inglés]

•   ¿Qué nota le pondría a su presidente actual en las 30 dimensiones requeridas para ser un presidente de clase mundial?

- ¿Cuál de los candidatos que están entrevistando para que sea nuestro próximo presidente obtiene la más alta calificación basado en los treinta puntos del perfil presidencial?
- ¿Se está presentando para presidente? ¿Debería dejar que continúe incluido su nombre en la lista? ¿Qué nota se pondría como presidente basado en estas treinta dimensiones de liderazgo?
- ¿En qué necesita crecer para estar listo para ser presidente algún día?

Si se ha estado formulando alguna de las preguntas mencionadas, este perfil fácil de entender (escala de 1 a 10) puede ser una guía comprobada para sus reflexiones y las discusiones y evaluaciones de su equipo.

Process Charting *[Disponible solo en inglés]*

Trazar el proceso es clave para el CONTROL DE CALIDAD y la TRANSFERIBILIDAD

Trazar el Proceso quizá sea la destreza más valiosa y menos entendida en el liderazgo hoy. Una clara comprensión de Trazar el Proceso proporciona un marco de referencia para componentes organizacionales fundamentales, tales como política, procedimiento, solución de problemas, predecir el impacto, comunicaciones para el personal, desarrollo de currículo, verificación de la lógica, archivar, monitorear, supervisión del programa, orientación del personal nuevo, y calendarización.

Serie de casetes audio con cuaderno de tres arandelas.

¡Réteme a ganar!
¡Útil 24 x 7 x 365 x vida!

Este librito cabe en el bolsillo de la chaqueta, cartera o maletín. Contiene más de 100 preguntas profundas para ayudar a tomar decisiones sabias 24 horas al día, 7 días a la semana, por el resto de la vida. ¿Se beneficiarían de saber qué preguntas perceptivas, sólidas, prácticas hacer? ¿Les gustaría poder hacer con precisión las «preguntas adecuadas» en el «momento adecuado»? Este librito da resultados.

Staff Evaluation—135 *[Disponible solo en inglés]*

¿Han deseado alguna vez una lista de comprobación para una evaluación exhaustiva para así poder decirle con exactitud a un empleado cómo se está desempeñando, en una escala de 1 a 10, en todo, desde mal aliento hasta toma de decisiones?

Este es un excelente instrumento anual para ser utilizado con quienes tenemos cerca, que se centra en 135 dimensiones. Además, si así lo desean, permítales que ellos lo evalúen. Esta lista ayuda a maximizar la evaluación del personal y la capacidad para comunicarse, siempre concentrándose en lo positivo.

Sueñe en grande
Bobb Biehl y Paul Swets

Con un sueño claro, uno despierta con expectación. Se enfrenta a los retos con una fortaleza mental positiva. Uno sabe hacia dónde va. Sin un sueño, es típico que durmamos hasta lo más tarde posible, nos arrastremos durante el día y caigamos exhaustos en la cama... solo para repetir la rutina al otro día. *Sueñe en grand*e es para esos que quieren aprovechar su pasión principal en una productividad diaria impulsada por la energía natural. Dedique treinta y un días a la aventura de encontrar, aclarar y disfrutar su sueño.

The Widow's Workbook, Estudio Bíblico sobre la viudez
[Disponible solo en inglés]
Dixie Johnston Fraley Keller

Dixie Johnston Fraley Keller enviudó mientras la gente contemplaba por televisión a «un avión jet Lear que perdió el control». En forma metafórica, mientras la vida con su esposo se derrumbaba, todo su mundo se estrelló.

Una vez recogidos los residuos, nos invita a acompañarla en su serpenteante senda de viudez. Aprendamos a vivir a partir de la muerte en las siguientes áreas:

- Amar y perder
- Valorar
- Hacer frente
- Dar
- Vivir en dolor
- Seguir viviendo

Si son viudos, o saben de alguien que lo sea, este regalo puede ayudar en el camino solitario de la recuperación.

Writing Your First Book! *[Disponible solo en inglés]*
Bobb Biehl y Marie Beshear, Ph. D.

Si ha estado deseando por años escribir un libro, pero todavía no ha terminado un manuscrito, ¡permita que *Writing Your First Book!* sea su punto de partida! Es un esquema sucinto, sin complicaciones, ni teorías sofisticadas, ni lenguaje ambiguo. Es tan solo una lista de comprobación escueta, fácil de seguir, gradual, para llegar a ser un autor que publica. Sabia inversión en su propio futuro.

Apéndice 4

Recursos para entrenamiento

Instituto de consultoría
Su capacidad + nuestra experiencia = su éxito

El Instituto de Consultoría es una experiencia de una semana de capacitación a fondo sobre consultoría. Es un lugar donde hacemos un trato… usted intercambia la fase de prueba y error de su práctica como consultor por mis más de 30 años de historia como consultor.

El Instituto es básicamente un acelerador profesional para usted cuando está comenzando en la profesión de consultor. Ahora tiene más de 30 años de experiencia… experiencia con más de 400 clientes y 40 000 horas de consultoría… disponible para ayudarlo a comenzar en el trabajo de consultor. Le enseñaré lo mejor que tengo. El Instituto de Consultoría es lo que enseñaría a mis propios hijos acerca de consultoría. Con más de 30 años de experiencia, como consultor en desarrollo personal y organizacional, los principios que enseño son los que he puesto a prueba días tras día en mi práctica personal como consultor.

Si está interesado en llegar a ser
- consultor profesional
- gerente regional con un estilo de liderazgo tipo consultor
- asesor confiable / respetado para grupos

Me gustaría invitarlo a que estudie la posibilidad de asistir al Instituto de Consultoría.

www.ConsultingInstitute.com
Para más información llame al 352-735-5252

Academia de Liderazgo
Ayudarlo a prepararse hoy
para lo que Dios le reserva para mañana

La Academia de Liderazgo es una inmersión amplia de una semana en los instrumentos, procesos y principio de liderazgo que todo líder necesita en todos los niveles de liderazgo. Estos instrumentos son funcionales para el grupo más pequeño y para el presidente de cualquier país. Es la esencia de lo que he aprendido acerca de liderar a partir de mi experiencia como consultor con algunos de los mejores líderes de nuestra generación. Este material surge de los más de 30 años y de las miles de horas de consultoria a más de 400 organizaciones. La Academia es una comprensión sistemática paso a paso del liderazgo… no solo un libro aquí y una grabación allá.

El marco de referencia del liderazgo se compone de un manual de enseñanza y de 25 secciones incluyendo un DVD, una hoja de trabajo y oras entregas complementarias para la mayor parte de las secciones. Estos 25 instrumentos se pueden aprender en cualquier orden. Se puede comenzar donde su necesidad es mayor, y más temprano o más tarde habrá completado toda la Academia. La Academia de Liderazgo le enseña 25 instrumentos que puede anotar en 1000 servilletas en situaciones informales en los próximos 50 años cuando otros buscan su liderazgo.

O, puede enseñar estos instrumentos a sus hijos mayores, pupilos, estudiantes o personal en un entorno más formal. El modelo de la Academia de Liderazgo es también un marco de referencia para organizar a lo largo de la vida el resto de información que irá aprendiendo durante la vida… en las áreas de liderazgo, gerencia o vida en general.

La Academia de Liderazgo también está disponible con todos los materiales que se incluyen en la semana de capacitación intensiva… Manual de enseñanza y 25 DVD, hojas de trabajo, folletos, etc. como un conjunto para aprender a distancia.

Lo invitamos a participar en la Academia de Liderazgo, en persona o por medio de la colección de DVD de la Academia de Liderazgo.

www. LeadershipA.com
Para más información llame al 352-735-5252

Masterplanning Group
Servicios de Consultoría -
Ayudar a convertir sus sueños en realidad

FORTALECER A LOS LÍDERES CRISTIANOS EN TODO EL MUNDO…. Es el punto focal del Masterplanning Group. Nuestras miles de horas de experiencia en consultoría se han obtenido en cuatro categorías principales:

* Iglesias grandes y en rápido crecimiento
* Organizaciones sin fines de lucro
* Corporaciones con fines de lucro
* Agencias gubernamentales

Somos mentores ejecutivos. Nuestro equipo trabaja con un proceso de tres pasos:

1. Encontrar a alguien en el que creemos de verdad
2. Entender hacia donde quieren ir
3. ¡Ayudarlos a que lleguen ahí!

Nos mantenemos en su agenda… no llegamos con la nuestra. Aportamos años de experiencia, procesos, principios y preguntas para fortalecer a los clientes en lo que avanzan de manera estratégica hacia el futuro. Aportamos objetividad, lo cual mantiene una visión objetiva de su organización desde una perspectiva a 15 000 metros. Luego probamos todas las formas que conocemos para fortalecer a todas y cada una de las personas en su equipo… para avanzar en la dirección de su sueño.

www.MasterplanningGroup.com
Para más información llame al 352-735-5252

QuickWisdom.com
Acceso rápido a sabiduría eterna... ¡y una invitación!

Como ejecutivo mentor/consultor, tengo el raro privilegio de pasar días seguidos con algunos de los líderes mejores de nuestra generación. Sigo creciendo como persona, aprendiendo más en los últimos años que lo que he aprendido en los cinco años anteriores.

Realidades de actuar como mentor

En mi libro *El mentor* defino esta actividad como «una relación de toda la vida en la que el mentor ayuda a que el asesorado crezca hasta llegar al potencial dado por Dios en el curso de toda una vida. Con realismo, debido a presiones de mi programa de trabajo, mi actuación como mentor personal se ha visto limitada a muy pocas personas. Al mismo tiempo, en verdad deseo ver que amigos como ustedes vayan desarrollando en el curso de toda su vida el potencial que Dios ha puesto en ustedes.

Salomón aconsejó: «Adquieran sabiduría».

Lo que hoy parece buscarse se centra en llegar a ser una persona valiente, encantadora, poderosa, exitosa. Sin embargo, según la Biblia, Salomón, uno de los hombres más sabios, sino el más sabio, que jamás haya existido, nos dio ese pequeño y profundo consejo en Proverbios 4:5. ¡ADQUIERAN SABIDURÍA! El enfoque de QuickWisdom es ayudar a que sean ¡SABIOS!

Acceso rápido a Sabiduría eterna... 24 X 7 X 365 X Vida

En la actualidad, me parece que todos los líderes jóvenes que conozco desean sabiduría, pero la necesitan pronto. No tenemos tiempo, con el ritmo y las presiones actuales, de aislarnos para estudiar manuscritos antiguos en sánscrito. De ahí «Acceso rápido a Sabiduría eterna». Cada mes envío 2 o 3 correos electrónicos «QuickWisdom», gratis... para compartir las mejores «cápsulas de sabiduría» con las que me topo en mis consultas para fortalecerle junto con su equipo. Quiero mantenerme en contacto con amigos como usted para ayudar tanto a ustedes como a sus familias y a sus equipos a ganar.

QuickWisdom es totalmente gratuito para todos.

Por fortuna, la tecnología del correo electrónico de hoy es tal que pueden incluir a 10 o 100 amigos en una lista para que reciban el correo electrónico QuickWisdom (en inglés). En cuanto a mí, necesito el mismo tiempo para enviar un correo electrónico a una persona como para enviárselo a todos los incluidos en listas. Deseo utilizar mis experiencias únicas en gran sabiduría para fortalecerlos a ustedes y a sus amigos por toda una vida.

¡Para recibir estos correos electrónicos QuickWisdom SIN COSTO ALGUNO, visite al www.QuickWisdom.com e inscríbase!

Sírvanse enviarme lo siguiente (sin costo):

❑ Catálogo de recursos del Masterplanning Group (en inglés)

❑ Una invitación al Instituto de consultoría

❑ Una invitación a la Academia de Liderazgo

❑ QuickWisdom

Nombre:_____

Título: _____

Organización:_____

Dirección _____

Ciudad: _____ Estado: _____ Código postal_____

Teléfono de día: (____) _____

Fax: (____)_____

Correo electrónico: _____

Contacto:
Fax: (352) 385-2827 • *Fax sin cargo:* (888) 443-1976
Pedidos: (800) 443-1976 • *Web:* www.Aylen.com

¡Gracias!